파리 걷기여행

On Foot Guides - Paris by Fiona Duncan and Leonie Glass
Text ⓒ Fiona Duncan and Leonie Glass
Other Material ⓒ 2001, 2006, 2015 Duncan Peterson Publishing Limited
Korean translation copyright ⓒ 2010, 2014, 2016 by Touch Art Publishing Co.
All rights reserved.
This Korean edition published by arrangement with
Duncan Peterson Publishing Limited
through Koleen Agency, Korea.

이 책의 한국어판 저작권은 콜린 에이전시를 통해
저작권자와 독점 계약한 (주)터치아트에 있습니다.
신 저작권법에 의해 한국 내에서 보호를 받는 저작물이므로
무단 전재와 무단 복제를 금합니다.

파리 걷기여행

피오나 던컨·레오니 글래스 지음 | 정현진 옮김

터치아트

차례

걸어서 파리 탐험하기 10
파리 맛보기 34

걷기 코스

1_ Montmartre
몽마르트르: 예술과 향락의 거리 38

2_ Quartier Latin
카르티에라탱: 학자와 반항아들의 거리 56

3_ St Germain-des-Prés to Musée d'Orsay
생 제르맹데프레에서 오르세 미술관까지: 센 강 좌안 풍경 72

4_ St Germain and Luxembourg
생 제르맹과 뤽상부르: 화려한 세련미를 갖춘 곳 86

5_ To Les Invalides
앵발리드를 향해: 비밀 정원과 대저택의 거리 98

6_ Le musée du Louvre to the Arc de Triomphe
루브르 박물관에서 개선문까지: 대행진 114

7_ From the Champs-Élysées to Parc de Monceau
샹젤리제에서 몽소 공원까지: 예술과 공원이 있는 풍경 134

8_ Around the Grands Boulevards
그랑 불바르를 따라: 화려함과 사치의 거리 150

9_ From the Bourse to the Opéra Garnier
증권거래소에서 오페라 가르니에까지: 상업과 문화의 거리 164

10_ Palais Royal to Beaubourg
팔레 루아얄에서 보부르 궁전까지: 숭고함에서 초현실주의까지 . 178

11_ Le Marais
마레 지구: 다시 찾은 고귀함 192

12_ Village St Paul and Bastille
빌라쥬 생 폴과 바스티유: 감동 넘치는 갤러리의 향연 208

13_ Ile St Louis and Ile de la Cité
생 루이 섬과 시테 섬: 섬과 섬 사이 222

걸어서 파리 탐험하기

너무 크지 않으면서도 속이 꽉 찬 파리는 걸어 다니기에 완벽한 도시다. 사실 파리의 뛰어난 건축학적 보물들과 낭만적인 도시 풍경을 제대로 감상하려면 걷는 것보다 좋은 방법이 없을 정도다. 효율적인 대중교통 체계 덕분에 파리 어느 곳을 가더라도 지척에 메트로Métro, 지하철 역이 있지만, 보통 현지인들도 웬만한 거리는 걸어 다닌다. 더구나 지금은 매혹적인 파리를 걸어서 탐험하기가 더욱 좋아졌다. 새 천 년을 맞아 파리 전체에서 대대적인 재건설과 복구 작업이 이루어졌고, 그에 따라 수십 개의 박물관과 역사 유적들이 새로 단장을 마쳤다. 일례로 1994년부터 재건축에 들어간 오페라 가르니에Opéra Garnier는 그간의 모든 노력을 보상하듯 눈부신 모습으로 재탄생했다. 또한 대규모 녹화 사업 덕분에 파리 전체가 거대한 공원이라 해도 과언이 아닐 정도로 나무와 꽃이 가득하다. 현재 파리에는 500만 그루 이상의 나무가 심어져 있으며, 일반 공원만도 3,075만 제곱미터에 달한다.

파리 역사는 파리의 심장 시테 섬Ile de la Cité에서 출발한다. 골 족과 켈트 족의 한 분파인 파리시이 족이 기원전 250년경에 센 강에 정착한 것을 시작으로, 그 후 로마 인들이 들어와 이 지역에 루테티아라는 도시를 번영시켰다. 시테 섬에는 궁전이 들어섰고, 센 강의 좌안남쪽에는 원형 경기장과 공공 토론장이 건립되었다.

오늘날 파리는 페리페릭Périphérique이라는 순환도로로 둘러싸여 있으며, 그 안은 파리 중심에서 나선형으로 뻗어 나가는 20개의 아롱디스망Arrondissements 으로 구분된다. 각 구간은 모두 독특한 개성과 특색을 자랑한다. 아롱디스망 내에 속하거나 여러 아롱디스망이 합쳐진 카르티에Quartier, 지구 역시 마찬가지다. 몽마르트르, 생 제르맹, 몽파르나스, 카르티에라탱 등이 대표적인 파리 지구다. 파리를 가로지르는 센강의 북쪽을 우안 '리브 드루아트Rive Droite'라 하고 남쪽을 좌안 '리브 고슈Rive Gauche'라고 한다.

이 책에 실린 실사에 가까운 지도는 파리를 걸어서 탐험하는 동안 완벽한 동반자가 되어 줄 것이다. 이 책의 지도는 파리의 거리와 공원, 광장, 심지어 개별 건물까지 그대로 옮겨 놓았으며, 관련 정보와 흥밋거리를 번호로 연결해 안내하고 있다. 따라서 파리 지리에 익숙하지 않은 초행자라도 파리 걷기를 얼마든지 즐길 수 있다.

이 책의 걷기 코스는 파리의 면면을 담아내고 '파리지엔의 파리'를 맛볼 수 있도록 구성되어 있어, 주요 관광지는 물론 구석구석 숨겨진 부분까지 깊숙이 둘러볼 수 있다. 걷기를 시작하기 전에 파리에 대해 간략하게나마 알아 두는 것은 매우 중요하다. 따라서 파리 여행에 필요한 핵심 정보를 미리 파악한 다음, 34~37쪽의 '파리 맛보기'로 먼저 천천히 시작해 보자. 그런 다음 각 지구별, 구간별로 관심 있는 미술관이나 박물관, 역사적 현장이나 흔적들, 멋진 상점과 최고의 레스토랑, 유서 깊은 시장과 아름다운 공원, 그리고 잘 알려지지 않는 후미진 곳까지 구석구석 파리를 탐험하는 것이 좋다.

각 걷기 코스는 개개인의 일정과 컨디션, 관심사 등에 따라 하루 종일 걸릴 수도 있고 한나절 만에 끝날 수도 있다. 이 책의 걷기 코스를 모두 경험한다면, '파리를 안다'고 자신 있게 말할 수 있을 것이다.

1. 이 책, 어떻게 이용할까

이 책의 걷기 범위는 북쪽으로 몽마르트르Montmartre, 남쪽으로 뤽상부르 정원Jardin du Luxembourg, 서쪽으로 개선문Arc de Triomphe, 동쪽으로 바스티유Bastille까지다.

지도 이용

각 코스의 주요 경로는 지도에 붉은 선으로 표시되어 있으며, 화살표를 따라가면 우왕좌왕하지 않고 쉽게 방향을 잡을 수 있다. 지도 옆 글상자에 각 걷기 코스의 출발지와 도착지를 표기하였으며, 보통 몇 분 거리에 위치한 가장 가까운 메트로 역을 안내하였다.

각 걷기 코스의 주요 지점은 숫자를 붙여 상세한 설명을 덧붙였다. 특정 건물을 설명할 경우 건물 위에 번호가 붙고, 주변 여러 장소를 통합적으로 안내하는 경우는 거리에 번호가 붙는다. 번호가 붙은 특정 장소나 거리 이름은 물론 주변 관광지나 건물, 박물관, 미술관, 동상, 조각품, 식당, 카페, 상점 등은 모두 색깔로 표시하여 찾아보기 쉽게 했다. 또한 일정과 소요 시간을 계획하는 데 참고가 되도록 관련 장소의 개장 및 폐장 시간, 주소와 전화번호 등도 함께 실었다.

지도는 어떻게 만들어졌을까

이 책에 나오는 지도는 특별 주문 제작한 것으로, 약 450미터 상공의 헬리콥터에서 45도 카메라 각도로 촬영한 사진을 바탕으로 했다. 최대한 상세한 건물 사진을 얻기 위해서 약간 구름 낀 날씨에 촬영했다. 필름 원판에서 뽑은 확대 사진을 바탕으로 전문 일러스트레이터 팀이 펜과 잉크를 이용해 지도를 제작했다. 그런 다음 지도를 디지털화하고, 걷기 코스별로 채색과 텍스트 작업을 거쳐 마침내 정밀한 지도가 완성되었다.

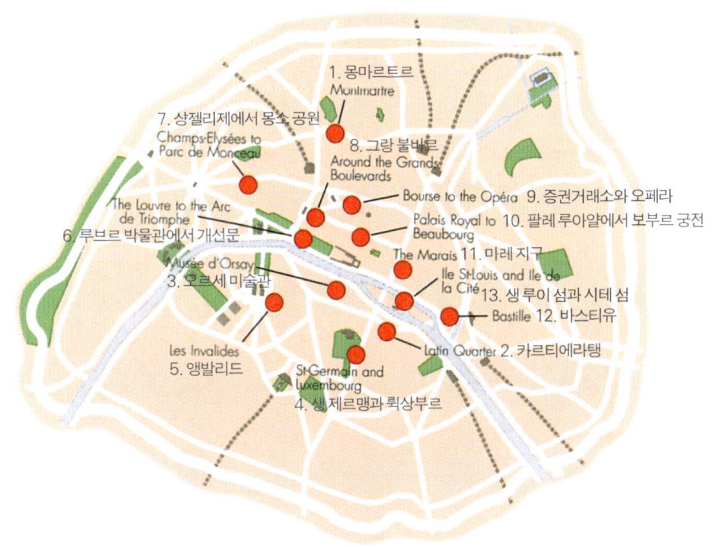

걷기 코스 연결하기

모든 걷기 코스는 비교적 가까운 거리에 붙어 있으며, 버스·메트로를 이용하거나 걸어서 쉽게 연결이 가능하다. 특히 연계하여 걷기 좋은 코스는 다음과 같다. '4. 생 제르맹과 뤽상부르' 코스는 생쉴피스 성당Église St-Sulpice에서 끝나는데, 생 쉴피스 거리rue St-Sulpice를 따라 걸으면 '3. 생 제르맹데프레에서 오르세 미술관까지' 코스의 시작점인 오데옹Odéon 지구까지 가깝다. '13. 생 루이 섬과 시테 섬' 코스는 생미셸 광장place St Michel에서 '2. 카르티에라탱' 코스와 이어진다. '12. 빌라쥬 생 폴과 바스티유' 코스가 끝난 후 생 탕투안 거리rue St Antoine를 따라 생 폴까지 가면 '11. 마레 지구' 코스를 시작할 수 있고, 아니면 '12. 빌라쥬 생 폴과 바스티유' 코스를 마치고 바스티유 광장place de la Bastille에서 헨리 4세 대로boulevard Henri IV를 따라 내려가 '13. 생 루이 섬과 시테 섬' 코스를 시작할 수도 있다. 오페라 거리avenue de l'Opéra를 따라 내려가면 '9. 증권거래소에서 오페라 가르니에까지' 코스와 '10. 팔레 루아얄에서 보부르 궁전까지' 코스로 연결된다.

2. 파리 걷기, 언제가 좋을까

걷기 코스 대부분은 일 년 중 어느 때라도 즐길 수 있다. 하지만 공원과 정원, 또는 중심가를 벗어나거나 거리 문화가 활발한 지역의 경우에는 분명 날씨가 좋을 때 더욱 쾌적하고 알찬 걷기 여행이 될 것이다.

여름 걷기

4. 생 제르맹과 뤽상부르: 생 제르맹 지구의 노천카페나 평화로운 뤽상부르 정원Jardin du Luxembourg을 제대로 만끽하려면 여름이 좋다.

5. 앵발리드를 향해: 이 걷기 코스에는 여름철에 즐기기 좋은 아름다운 정원이 많다. 특히 로댕의 작품이 점점이 흩어져 있는 로댕 미술관 Musée Rodin의 매혹적인 조각 정원을 절대 놓치지 말자.

7. 샹젤리제에서 몽소공원까지: 한여름이면 북적한 샹젤리제Champs-Élysées를 벗어나 시원한 몽소 공원Parc de Monceau에서 피서를 즐길 수 있다.

8. 그랑 불바르를 따라: 화려한 쇼핑몰 사이에 자리 잡은 루이 14세 광장에 아름다운 정원이 있다. 눈부신 햇살 아래 점심 도시락을 먹으며 소풍을 즐기기에 안성맞춤이다.

12. 빌라쥬 생 폴과 바스티유: 화창한 여름날의 빌라쥬 생 폴은 모든 소장품을 내다 건 야외 장터 같다. 또한 '기쁨의 항구Port de la Plaisance'에서는 뱃놀이하는 사람들을 구경할 수 있다.

13. 생 루이 섬과 시테 섬: 생 루이 섬과 시테 섬은 여름 성수기에는 특히 더 붐빈다. 그렇지만 섬을 어슬렁거리다 노천카페에서 점심을 먹거나 노트르담 대성당의 전망대에 오르려면 역시 화창한 여름날이 최고다. 또한 퐁 뇌프Pont Neuf에서 출발하는 낭만적인 센 강 유람선도 여름에 타는 것이 제맛이다.

겨울 걷기

1. 몽마르트르: 화창한 겨울 날 몽마르트르 언덕을 방문해 보자. 여름 성수기의 엄청난 인파를 피해 비교적 한산하고 평화로운 파리 풍경을 감상할 수 있다. 단, 날씨가 맑아야 쾌적한 걷기를 즐길 수 있다.

3. 생 제르맹데프레에서 오르세 미술관까지: 추운 겨울날, 생 제르맹의 유명한 카페 중 한 곳에서 핫 초콜릿으로 몸을 녹이고, 오르세 미술관Musée d'Orsay을 여유롭게 한 바퀴 도는 낭만적인 코스다.

6. 루브르 박물관에서 개선문까지: 이 코스는 버스나 메트로를 이용해 걷기 코스를 완성할 수 있는 일종의 '반칙'이 가능하다. 최악의 날씨에는 루브르 박물관에서 하루 종일 시간을 보내도 더없이 유익할 것이다.

9. 증권거래소에서 오페라 가르니에까지: 이 걷기 코스에는 추위나 비를 피할 수 있는 실내 통로가 구축되어 있다. 궂은 날씨나 추위 속에서도 사람들이 편안하게 쇼핑을 즐길 수 있도록 배려한 것이다.

11. 마레 지구: 마레 지구에 늘어선 미술관과 박물관들은 매서운 추위를 피하기에 안성맞춤이다.

파리의 날씨

파리 시민들이 파리를 버리고 일제히 휴가를 떠나는 8월은 최고 기온이 30℃를 웃돌 정도로 푹푹 찐다. 가을 날씨는 꽤 온화하고 따뜻한 반면 봄철 날씨는 제법 쌀쌀한 편이지만, 청명한 푸른 하늘을 선사해 준다. 겨울은 간혹 견딜 수 없을 정도로 춥고 습하다. 파리나 일 드 프랑스(Ile de France) 지역의 보다 자세한 날씨 정보는 웹사이트 meteofrance.com를 참고하자.

주말 걷기

5. 앵발리드를 향해: 일요일마다 열리는 라스파이 대로boulevard Raspail의 농산물 시장을 한 바퀴 돌아보자. 신선한 농산물과 다양한 홈메이드 요리는 구경하는 것만으로도 재미있다. 점심 도시락이나 간식을 준비하기에도 좋다.

7. 샹젤리제에서 몽소공원까지: 주말이면 이 코스의 거리는 더욱 한산하고, 공원은 더욱 흥미진진하며, 모든 박물관은 항상 열려 있다.

12. 빌라쥬 생 폴과 바스티유: 생 폴의 상점과 스튜디오, 갤러리들은 대부분 화요일과 수요일이 정기 휴일이니 가급적 피하도록 하자. 가능하면 이 지역이 가장 활기를 띠는 일요일에 방문하는 것이 좋다.

13. 생루이 섬과 시테 섬: 3월 말부터 11월까지 매주 일요일에는 오전 9시에서 오후 5시까지 선착장의 차량 통행이 금지되고, 헌책과 고서적을 거래하는 노점상으로 가득 찬다.

주중 걷기

1. 몽마르트르: 몽마르트르는 주말에 비해 주중이 약간 덜 붐빈다. 단, 월요일은 박물관 정기 휴일이니 참고하자.

2. 카르티에라탱: 재잘거리는 학생들로 가득한 카르티에라탱라탱 지구은 학기 중의 주중에 방문해야만 그 진면목을 볼 수 있다.

4. 생 제르맹과 뤽상부르: 일요일에는 모든 상점들이 굳게 문을 닫으므로 헛걸음하지 않도록 주의하자.

8. 그랑 불바르를 따라: 이 거리를 둘러보기 가장 좋은 때는 '속죄의 예배당Chapelle Expiatoire'이 문을 여는 목요일과 금요일, 토요일이다. 오후 1시부터 5시까지 관람이 가능하니 참고하자. 일요일은 모든 상점들이 문을 닫으니 피하는 것이 좋다.

9. 증권거래소에서 오페라 가르니에까지: 증권거래소 부르스Bourse는 월요일

부터 금요일까지만 관람이 가능하다. 주변 지역도 주중에는 활기가 넘치는 반면, 주말이면 썰렁하기 그지없다.

11. 마레 지구: 마레 지구는 언제나 붐비지만, 특히 토요일과 일요일이면 발 디딜 틈이 없을 정도다. 따라서 가능하면 비교적 한산한 주중에 방문하는 것이 좋다. 단, 대부분의 박물관이 문을 닫는 월요일이나 화요일은 피하도록 하자.

어린이와 함께 걷기

1. 몽마르트르: 본 코스에는 포함되지 않지만 부근에 있는 에르브 박물관Musée en Herbe은 특별히 아이들을 위해 설계된 것이다. 혁신적인 전시와 체험 워크숍은 아이들을 실망시키지 않을 것이다. 놀이기구를 타지 못할 정도로 작은 어린아이도 밧줄타기 등으로 즐거움을 만끽할 수 있다. 또한 아베스Abbesses 메트로 역에서 출발하는 몽마르트로 버스Montmartrobus 18번 노선을 이용해 몽마르트르 언덕을 한 바퀴 돌아봐도 좋을 것이다.

2. 카르티에라탱: 아이들은 아르프 거리rue de la Harpe 일대의 북적거림에 푹 빠져들 것이다. 국립 중세 박물관Musée National du Moyen Âge에서 벽걸이 융단 〈숙녀와 유니콘〉에 넋을 잃을 것이며, 파노라마 천장 벽화가 있는 섬뜩한 팡테옹Panthéon에 마음을 빼앗길 것이다. 이 걷기 코스에 더해 분위기 좋은 파리 식물원Jardin des Plantes 내의 국립 자연사 박물관 Muséum National D'Histoire Naturelle이나 파리 식물원 부속 동물원Ménagerie, le zoo du Jardin des Plantes을 방문하는 것도 좋다.

4. 생 제르맹과 뤽상부르: 길가에 즐비한 상점들을 재빨리 건너뛰고 아이들이 놀기 좋은 뤽상부르 공원Jardin du Luxembourg으로 곧장 가자.

6. 루브르 박물관에서 개선문까지: 아이들이 지루해할 수 있는 루브르 박물관에 너무 오래 머무는 대신, 온갖 진귀한 물품이 전시되어 있는 '발견의 전당'이라는 뜻의 과학 박물관 팔레 드 라 데쿠베르트Palais de la Découverte를 방문하거나 개선문 전망대에 오르는 것이 좋다. 튈르리 정원Jardin des Tuileries에서 대회전 관람차를 타는 것도 좋으나, 관람차가 늘 운행하는 것은 아니므로 잘 확인하자.

9. 증권거래소에서 오페라 가르니에까지: 이 걷기 코스의 미로 같은 실내 쇼핑몰은 아이들의 관심을 끌기에 충분하다. 걷기 코스를 조금 확장해 밀랍 작품을 감상할 수 있는 그레뱅 박물관Musée Grévin을 함께 방문하면 좋다.

10. 팔레 루아얄에서 보부르 궁전까지: 팔레 루아얄Palais Royal에는 작은 놀이터와 모래 마당이 있다. 좀 더 큰 아이들은 언제나 젊은 혈기로 넘치는 레 알Les Halles과 보부르Beaubourg 지역과 사마리탱Samaritaine 백화점 꼭대기의 환상적인 파노라마 풍경을 즐길 수 있다.

11. 마레 지구: 젊은이들이 열광하는 활기찬 마레 지구는 수많은 박물관과 독특한 전문 상점들로 가득하다. 어디를 가든 아이들의 눈길을 끄는 것을 발견할 수 있을 것이다.

13. 생 루이 섬과 시테 섬: 이 걷기 코스에서 아이들을 위한 하이라이트는 노트르담 대성당의 전망대이다. 그 밖에도 유명한 베르티옹Berthillon의 아이스크림, 꽃 시장이나 일요일의 새 시장 그리고 퐁 뇌프 다리 아래에서 출발하는 유람선 등이 있다.

3. 파리, 어떻게 이동할까

우리나라에서 파리까지는 직항이나 경유편을 이용해 비행기로 쉽게 접근이 가능하다. 유럽 전역에서도 저가 항공이나 고속 열차가 편리하게 연결되며, 특히 런던에서 파리 시내로 이동한다면 도버 해협 해저 터널을 통과하는 고속 여객 열차 유로스타Eurostar가 좋다. 예약은 전화 03432- 186-186나 웹사이트www.eurostar.com를 이용한다.

파리교통공사 RATP Régie Autonome des Transports Parisiens는 지하철과 버스, 고속 기차를 통해 파리 시내는 물론 교외까지 잇고 있다. 노선 안내 장치를 이용하면 교통수단에 상관없이 목적지까지 가장 빠르고 효과적으로 가는 방법을 찾을 수 있다. 또한 목적지만 눌러도 상세한 노선 안내를 받을 수 있다. 파리교통공사 홈페이지www.ratp.fr/en/를 참고하자.

메트로

파리의 지하철은 300개가 넘는 역과 16개 노선으로, 파리 시내를 구석구석 연결한다. 대부분 90초의 배차 간격으로 빠르게 운행되는 편이므로 파리 시내를 이동하는 데 있어 가장 좋은 방법이다. 한때 큰 문제였던 안전과 보안 문제는 대폭 개선되어 주요 환승역을 순찰하는 경찰 모습은 일상적인 풍경이 되었다. 메트로 역사 안팎에서는 클래식에서 남미 음악까지 온갖 장르를 넘나드는 거리 악사들을 만날 수 있다. 북적거리고 삭막한 메트로 이용에 낭만을 더해 주는 풍경이다. 흡연은 전 구간에서 금지되어 있다.

지하철 이용하기 메트로 역은 'M'이 새겨진 커다랗고 둥근 간판으로 되어 있어 쉽게 식별할 수 있다. 티켓은 역사 입구의 자동판매기나 창구에서 구입할 수 있는데, 사용법은 한국 지하철과 매우 유사하다. 메트로 운행은 오전 5시 30분경부터 시작해 밤 12시 40분 전후로 끝난다. 금요일과 토요일에는 조금 더 늦게까지 운행한다. 모든 노선은 공식적으로 번호가 매겨져 있지만, 보통은 최종 정착지 역명과 색깔로 구분한다. 종착역과 환승역은 주황색으로 표시된다. 출입문은 자동으로 열리거나 직접 버튼을 눌러 여는 등 노선마다 다르니 이용에 참고하자. 역과 역 사이는 비교적 짧은 편이며 대부분 지상과 가깝다. 노선도는 메트로역과 관광 안내소에 배치되어 있으므로 누구나 쉽게 이용할 수 있다.

지하철 요금 1회 승차권Ticket t+, 1.8유로은 90분 이내에 메트로 전 구간과 광역전철 RERRéseau Express Régional 1구간Zone 1 내, 버스, 트램을 자유롭게 이용할 수 있다. 단 지하철과 버스 간에는 90분 이내라도 환승이 되지 않는다. RER을 이용해 파리 시내1구간를 벗어나는 경우에는 목적지에 맞게 승차권을 구매한다.

대중교통을 좀 더 저렴하게 이용할 수 있는 승차권 종류가 여러 가지 있다. 1회 승차권을 10개로 묶어 판매하는 카르네Carnet, 14.1유로는 낱개로 구매하는 것보다 저렴하다. 1일 무제한 승차권인 티켓 모빌리스Ticket Mobilis와 만 26세 미만 이용자들을 위한 주말과 공휴일용 1일 무제한 승차권 티켓젠느위크엔드Ticket Jeunes weekend도 있다. 티켓젠느위크엔드는 티켓 모빌리스의 반값에 해당되므로 주말에 파리에 머무는 만 26세 미만 여행객들에게 추천한다. 단기 여행객들이 애용하는 1일·2일·3일·5일용 정액권 파리 비지트Paris Visite도 있다. 그 밖에

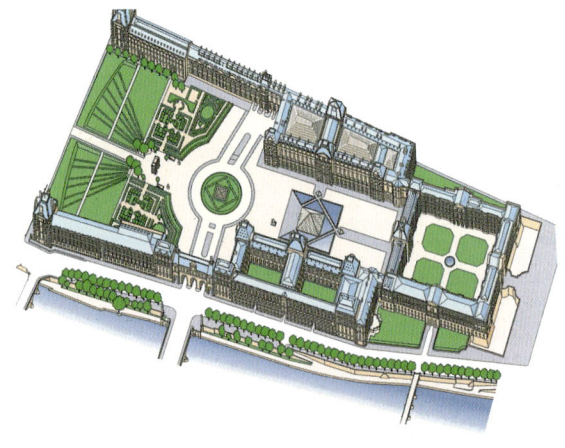

충전식 교통 카드 나비고Navigo는 주·월 단위로 충전 가능하며 충전한 날부터가 아닌 해당 주 월요일 첫 차 시가부터 일요일 막차 시각, 매달 1일부터 그 달의 마지막 날까지 해당되므로 이용에 참고한다. 나비고 카드를 만들 때는 카드에 붙일 증명 사진과 카드 값 5유로가 필요하다. 방문 일정과 이용 빈도를 감안하여 자신의 목적에 맞게 구매하도록 하자.

파리 버스

파리 중심가의 버스 노선을 보면 버스 이용이 얼마나 편리하고 신속할지 짐작할 수 있다. 물론 파리에서도 출퇴근 시간 정체는 피할 수 없다. 메트로와 달리 버스 이용은 창밖으로 파리 시내를 계속 감상할 수 있는 게 가장 큰 장점이다. 몽마르트르 지역은 자체적인 일주 버스인 몽마르트로버스Montmartrobus를 운행한다.

모든 버스는 월요일부터 토요일, 오전 5시 30분부터 자정까지 운행하며 일요일에는 약 20개 노선만 운행한다. 일부 노선은 밤 12시 30분까지 운행한다. 매일 밤 12시 30분부터 새벽 5시 30분까지는 심야 버스 녹틸리앙noctilien을 운행하며 대부분의 시내 명소에서 출발한다. 모든 버스의 명확한 노선과 운행 시각은 각 버스 정류장에 명기되어 있다. 또한, 메트로 역이나 관광 안내소에 배포된 버스 안내 지도를 이용하면 편리하다.

버스 요금 메트로 승차권을 그대로 이용할 수 있다. 승차권은 버스 탑승 후 구입할 수 있다. 다만 버스에 타서 현금으로 낼 경우 요금이 약간 더 비싸니 타기 전에 미리 구매해 두는 것이 좋다. 버스에 오르면 모든 티켓은 출입구 주변에 설치된 기계에 넣어 날짜와 시간을 찍어야 유효하다.

택시

파리의 택시는 보통 세단형 승용차이다. 택시 운전사들의 파리 지식이나 길찾기 수준은 전문가 뺨칠 정도에서 초보자 수준까지 극과 극을 이룬다. 이론상으로는 거리에서 빈차 표시등이 들어 와 있는 택시를 불러 세워 탑승하면 되지만, 실제로 도로를 순회하며 고객을 찾는 택시는 거의 없다. 따라서 택시 승차장을 찾아 줄을 서는 것이 현명하다. 대표적인 콜택시 회사는 탁시 블뢰Les Taxis Bleus, www.taxis-bleus.com 와 알파Alpha Taxi, www.alphataxis.fr, 01-4585-8585다.

철도역 택시 승차장에서 손님을 태운 택시들은 정상 미터 요금에 추가 요금을 덧붙여 청구한다. 또한 출퇴근 시간과 심야 시간, 일요일과 공휴일의 요율은 평일 낮 시간보다 높다. 파리 시외로 택시를 이용할 경우도 마찬가지다. 짐이 있을 경우 짐 하나당 보통 1유로씩 추가 요금을 지불하며 모든 택시 요금의 12~15퍼센트의 팁을 추가하여 지불하는 게 관례다. 또한 우리나라와 달리 운전석 옆자리에 승객을 태우는 택시는 거의 없다. 따라서 택시 승객은 최대 성인 3명까지가 정원이다. 만일 일행이 4명이고 굳이 같은 택시를 타야 한다면 추가 요금을 내야 한다.

기차역이나 주요 관광지 주변에는 종종 무면허 택시가 존재한다. 요금도 비싸고 보험에 가입되어 있지 않은 경우도 많으니 가능하면 이용하지 말자. 택시 승강장에 줄이 너무 길다거나 당장 급하게 이동해야 하는 절박한 경우 등 어쩔 수 없이 무면허 택시를 이용하게 된다면 차량에 오르기 전 반드시 요금부터 먼저 합의한다.

4. 파리 관광정보

버스 시티투어

파리의 버스 시티투어는 대부분 중심가에서 시작하며, 두 시간 정도 소요된다. 주요 관광지에 내렸다가 다음 버스를 이용할 수 있는 프로그램도 있다. 대표적인 파리 시티투어 회사는 다음과 같다.

- 레카르 루쥬Les Cars Rouges_전화: 01-5395-3953
- 시티 사이트시잉City Sightseeing_www.city-sightseeing.com
- 파리 로팡 투르Paris L'Open Tour_전화: 01-4266-5656
- 빅 버스 파리Big Bus Paris_전화: 01-5395-3953

가이드 걷기 투어를 운영하는 곳은 다음과 같다.

- 파리 워킹 투어Paris Walking Tours_www.paris-walking-tours.com
- 파리 워크Paris Walks_www.paris-walks.com

파리를 새처럼 날아서 보고 싶다면 헬리콥터를 이용할 수도 있다.

- 헬리프랑스Hélifrance_주소: Paris Héliport, 4 avenue de la Porte-de-Sèvres, 75015 | 전화: 01-4554-9511

파리의 팁 문화

술집이나 레스토랑, 호텔 등의 모든 서비스 요금은 15퍼센트의 서비스료와 세금을 포함한다. 그 때문에 오늘날 프랑스에서 팁을 주는 고객은 그다지 많지 않다. 물론, 특별히 서비스가 만족스러울 경우 소량의 팁으로 감사함을 전하는 것은 얼마든지 자유다. 외투 보관소 담당이나 도어맨에게 소액의 팁을 주는 것은 여전히 관례로 통한다. 공항이나 기차역에서 짐꾼의 도움을 받는 경우는 짐 수에 따라 고정된 요금이 매겨져 있다. 택시 운전사에게는 보통 12~15퍼센트의 팁을 더해 요금을 지불한다.

센 강 유람선

센 강을 따라 유람선을 타고 에펠탑, 오르세 미술관, 노트르담 대성당 등 파리의 명소를 여유롭게 감상하는 것은 놓치기 아까운 경험이다. 특히 유람선에서 바라보는 파리의 야경은 매우 낭만적이다. 바토무슈, 바토파리지엔, 브데트드파리, 브데트뒤퐁뇌프 등 여러 회사에서 유람선을 운행한다. 출발 장소와 코스는 조금씩 다르며 대략 1시간 정도 소요된다.

바토무슈는 센 강에서 가장 규모가 큰 유람선으로 센 강 우안의 알마 다리Pont de l'Alma 근처 선착장에서 출발한다. 점심이나 저녁 식사가 포함된 코스도 운행한다. www.bateaux-mouches.fr 바토파리지엔은 노트르담 대성당 근처의 몽테벨로 선착장Porte de Montebello과 에펠탑 근처의 브루도네 선착장Port de la Bourdonnais에서 승선이 가능하다. 바토무슈와 마찬가지로 점심이나 저녁 식사가 포함된 코스를 운행한다. www.bateaux-parisiens.com 브데트드파리는 에펠탑 근처의 쉬프랑 선착장Port de Suffren에서 출발하고www.vedettesdeparis.com, 브데트뒤퐁뇌프는 시테 섬의 베르갈랑 광장square du Vert-Galant에서 출발한다. www.vedettesdupontneuf.com

에펠탑과 파리 식물원 사이를 운행하는 정기 셔틀선 바토뷔스도 있다. 패스1일권,2일권를 구입하면 유효 기간 동안 오르세 미술관, 노트르담, 루브르 박물관 등 파리의 유명한 9개의 관광 명소 정류장에서 자유롭게 타고 내릴 수 있다. www.batobus.com

파리 운하 관광은 카노라마 사www.canauxrama.com와 파리커넬 사www.pariscanal.com를 이용하면 된다.

유용한 출판물

파리 여행이나 행사 관련 최신 정보는 수요일마다 발행되는 문화 정보지 〈파리스코프Pariscope〉와 〈로피시엘 데 스펙타클L'Officiel des Spectacles〉을 참고하자. 모두 신문 가판대에서 쉽게 구할 수 있다. 특히 〈파리스코프〉가 제공하는 영어 가이드 〈타임 아웃 파리Time Out Paris〉가 유용하다. 타임 아웃 그룹이 매주 발행하는 이 알찬 무료 여행지는 대부분의 호텔과 매점, 관광 안내소에서 구할 수 있다.

공연

공연 티켓은 공연장 매표소에서 직접 구매하거나 전화나 우편으로 주문할 수 있다. 또는 파리 곳곳의 FNAC 체인점에서도 구매할 수 있다. 대표적인 곳은 피에르 레스코 거리1 rue Pierre Lescot, 75001와 테른 거리26 avenue des Ternes, 75017의 포룸 데 알Forum des Halles 매장이다.

반값 티켓은 공연 당일 티켓 판매 대행사 키오스크 테아트르 마들렌Kiosque Théâtre Madeleine 화~토요일 12:30pm~8:00pm, 일요일 12:30pm~4:00pm과 몽파르나스역 Montparnasse station, 화~일요일 12:30pm~8:00pm에서 구입할 수 있다.

입장료 및 개장 시간

파리의 걷기 코스는 수많은 박물관과 기념비를 지난다. 이때 파리 뮤지엄 패스를 이용하면 편리하고 경제적이다. 2일권48유로 · 4일권62유로 · 6일권74유로이 있으며, 해당 기간 동안 60여 개 박물관과 기념비를 무제한 입장할 수 있다. 또한 매표소 앞에서 긴 줄을 서느라 귀중한 시간을 낭비할 필요도 없다. 해당 관광지와 개별 입장료는 홈페이지 www.parismuseumpass.co.kr를 통해 확인할 수 있다.

대부분의 박물관과 미술관은 월요일이나 화요일이 정기 휴일이다. 소규모 박물관 중에는 점심시간이나 8월 휴가철에 문을 닫는 곳도 있다. 대부분의 박물관과 기념비는 수요일과 금요일 밤 9시 45분까지 연장 운영한다. 에펠탑은 오전 9시 30분부터 밤 11시6월 중순~9월 초에는 오전 9시부터 밤 12시까지 개방하며, 엘리베이터와 계단에 따라 마지막 입장 시간이 다르니 홈페이지 www.toureiffel.fr를 참고하자. 일요일에는 입장권을 할인해 주거나 무료로 입장할 수 있는 박물관도 있다.

그 외 개별적인 개장 및 폐장 시간과 정기 휴일 등의 정보는 본문에서 해당 기관이 나올 때마다 언급하였으니 참고하자.

상점 및 은행 업무 시간

일반적으로 파리의 상점 업무 시간은 오전 9시나 10시부터 저녁 7시까지다. 소규모 상점과 식료품상은 점심시간인 12시부터 3시까지 문을 닫기도 하며, 대부분 월요일은 정기 휴일이다. 대다수 백화점과 대형마트는 매주 목요일 밤 10시까지 연장 영업한다. 식당은 대부분 매주 하루, 주로 일요일에 문을 닫고 8월 휴가철에도 휴무다. 의류 및 패션 상점들도 여름 휴가철에 문을 닫는다.

은행 업무 시간은 대략 오전 9시부터 오후 4시 30분까지며, 환전 코너는 대체로 점심시간 오후 12시부터 2시까지에 문을 닫는다. 모든 은행은 공휴일 전날 낮 12시까지만 영업한다. 생 라자르 St Lazare 기차역 및 오스테를리츠 역, 북역, 동역의 은행 체인점은 짧은 시간이나마 매일 영업한다. UBP 은행의 샹젤리제 지점 154 avenue des Champs-Élysées 은 주말에도 문을 연다. 현금자동지급기는 파리 전역에 설치되어 있다. 환전소는 생제르맹데프레 St-Germain-des-Prés 지구에 특히 많으며 대부분 일요일에도 문을 연다.

공휴일

박물관과 관광지 등 대부분 문을 닫는 파리 공휴일은 다음과 같다.

- 1월 1일: 신정 Jour de l'An
- 춘분 이후 보름달이 된 뒤에 오는 첫 번째 일요일: 부활절 Pâques

- 부활절 다음 월요일Lundi de Pâques
- 5월 첫 번째 월요일: 노동절Fête du Travail
- 5월 8일: 제2차 세계대전 승전 기념일V-E Day, Victory in Europe Day
- 부활절 40일 후의 목요일: 예수 승천 대축일Ascension
- 부활절 후 일곱 번째 일요일: 성신강림 축일Pentecôte
- 성신강림 축일 다음 월요일: 성령강림 대축일Lundi de Pentecôte
- 7월 14일: 프랑스 대혁명 기념일Fête National
- 8월15일: 성모마리아 승천일Assomption
- 11월 1일: 만성절Toussaint
- 11월11일: 휴전기념일Armistice
- 12월 25일:성탄절Noël

짐 보관 및 분실물 문의

모든 주요 기차역에 짐 보관 시설이 있다.

- 종합 분실물 신고 센터objets trouves_주소: 36 rue des Morillons, 75015
  월~목요일 8:30am~5:00pm, 금요일 8:30am~4:30pm

파리 시내 관광 정보 안내소와 주요 관광지

- 파리 종합 관광 안내소Office de Tourisme de Paris_주소: 25, rue des Pyramides, 75001 | 전화: 08-9268-3000 | 11월~4월_월~일요일 10:00am~7:00pm, 5월~10월_월~일요일 9:00am~7:00pm
- 파리 베르사유 전시장Paris Expo/Porte de Vesailles_주소: 1, place de la Porte de Versailles 75015 | 전시 기간 중 11:00am~7:00pm
- 일 드 프랑스 관광 안내소Espace du Tourisme en Ile de France_주소: Carrousel du Louvre, 99 rue de Rivoli, 75001 | 매일 10:00am~6:00pm
- 리옹 역, 가르 드 리옹Gare de Lyon 정문 | 월~토요일 8:00am~6:00pm
- 북역Gare du Nord, 국제선 도착/만남의 광장 | 매일 8:00am~6:00pm
- 동역 Gare de l'Est 플랫폼 1, 2 | 월~토요일 8:00am~7:00pm
- 앙베르역Anvers_주소: 72 boulevard Rochechouart, 75018
  매일 | 10:00am~6:00pm

어린이를 위한 안내

아이들을 위한 이벤트 정보는 다음 기관을 방문하면 얻을 수 있다.

- Centre d'Information et de Documentation pour la Jeunesse_주소: 101 quai Branly, 75015 | 전화: 01-4449-1200
- Ministère de la Culture et de la Communication_주소: 3 rue de Valois, 75001 | 전화: 01-4015-8000

장애 여행객을 위한 안내

장애인 여행객을 위한 정보는 웹사이트 www.accessinparis.org를 참고하고 파리 관광 안내소의 'Tourisme pour Tout le Monde'를 이용한다. 장애인 여행객들은 다음 기관에서 도움을 받을 수 있다.

- Comiténational Français Liasison Réadaptation des Handicapés_주소: 236B rue Tolbiac, 75013 | 전화: 01-5380-6666
- Association des Paralysés de France_주소: 17 boulevard Blanqui, 75013 | 전화: 01-4078-6900
- Les Compagnons du Voyage_주소:17 quai Austerlitz, 75013 | 전화:01-5876-0833 | www.compagnons.com

파리 관광에 참고할 만한 인터넷 사이트

- 파리 관광 회의 안내소 http://ko.parisinfo.com

응급 연락처

- 경찰: 17
- 화재 신고Fire Brigade: 18
- 응급의료서비스SAMU: 15
- 응급의사SOS Médicins: 01-4707-7777
- 응급치과의사SOS Dentistes: 01-4337-5100

야간 영업 약국

- Pharmacie Les Champs Dhéry(24시간 영업): 주소_84 avenue des Champs Elysées, 75008 | 전화_01-4562-0241
- Grand Pharmacie Daumesnil(24시간 영업): 주소_6 place Félix Eboué, 75012 | 전화_01-4343-1903

한국 여행자를 위한 비상 연락처

- 한국대사관: 주소_125, rue du Grenelle, 75007(메트로 13번선 Varenne) 전화_ 01-4753-0101, 06-8028-5396(야간 당직), 01-4753-6995, 06-8095-9347(사건 사고 주간), 06-8028-5396(사건 사고 야간 및 주말)
- 한국문화원: 주소_2 avenue de l'Iena, 75116(메트로 9번선 Iéna역) 전화_01-4720-8415, 01-4720-8386
- 한국관광공사: 주소_Tour Montparnasse(4ème étage) 75755 전화_01-4538-7123
- 프랑스 한인회: 주소_83, rue de la Croix Nivert 75015(메트로 8호선 Commerce 또는 Félix Faure) | 웹사이트_ www.koreanfr.org | 전화_01-4842-1632
- 대한항공: 주소_9 boulevard de la Madeleine, 75001 | 전화_01-4297-3080

안전한 걷기 여행을 위해 반드시 알아 두자!

차량 행렬이 많은 도로를 무단 횡단하는 것은 매우 위험하다. 무신호 시 원칙적으로 보행자가 우선이지만 지키지 않는 운전자도 많다. 이때 파리 시민의 모토는 '뻔뻔함'이다. 사실상 대로에서 길을 건너지 못하고 안절부절못하는 사람들은 관광객들뿐이다. 그러니 파리 시민들처럼 '당당하게' 횡단하자. 일부 외곽 지역은 해가 진 후 보행이 위험할 수 있으니, 반드시 가로등이 많은 밝은 대로를 이용하도록 한다.

자연 경관이 빼어난 뤽상부르 정원.

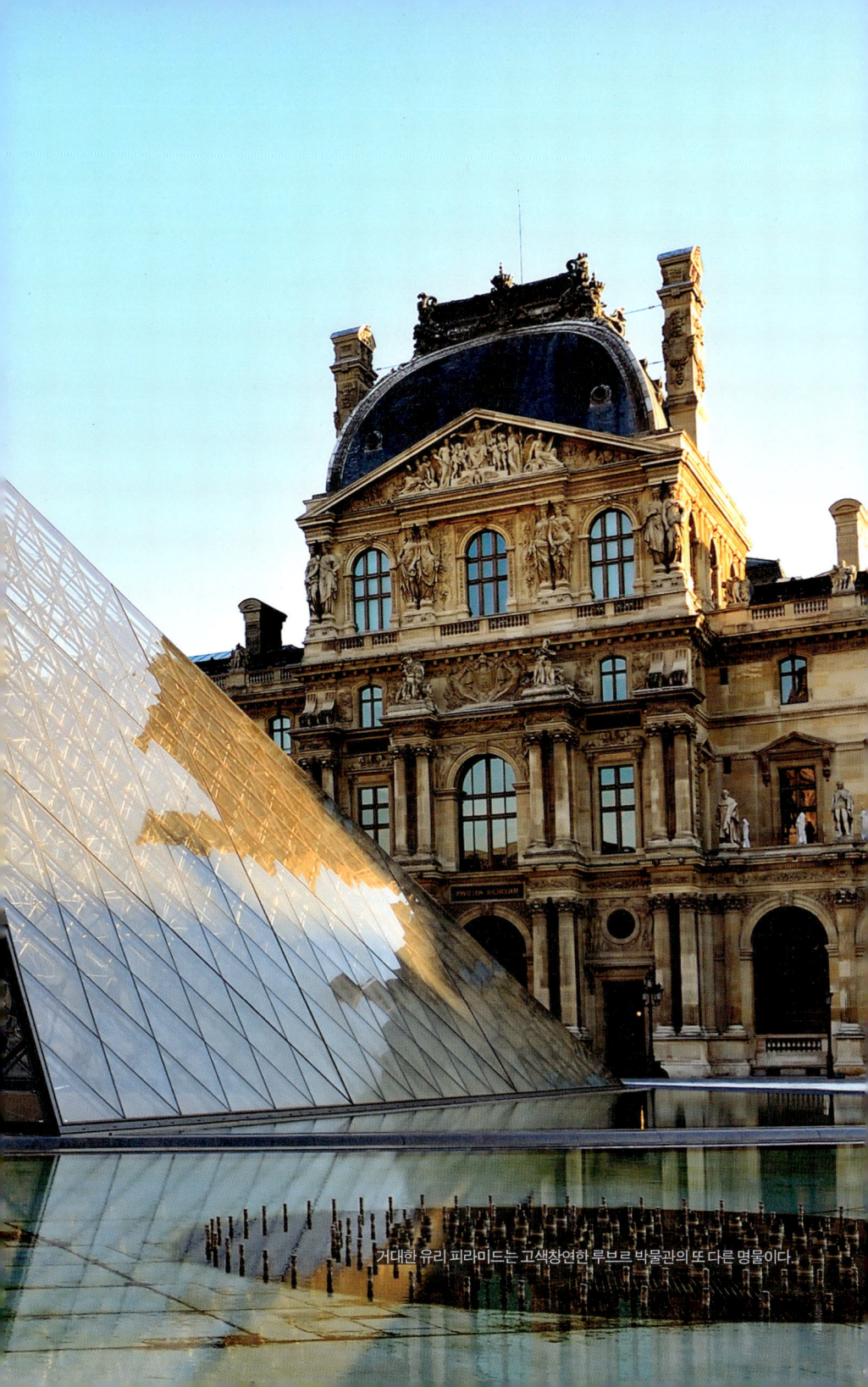

거대한 유리 피라미드는 고색창연한 루브르 박물관의 또 다른 명물이다.

파리 맛보기

파리 맛보기 코스는 본격적으로 파리 걷기를 시작하기 전, 파리 분위기와 주요 관광지를 살짝 맛보는 코스다. 주요 지점은 모두 개별 코스에서 다시 답사할 것이다. 센 강 우안에서 시작해 좌안을 거쳐 다시 우안으로 돌아오는 맛보기 코스는 넓은 대로와 좁은 골목길을 거쳐 유명한 파리의 이정표를 따라 파리의 심장을 둘러본다. 소요 시간은 각 관광지에 얼마나 머무느냐에 달려 있겠지만 대략 한나절 정도 예상하면 된다. 날씨의 영향도 무시할 수 없을 것이다. 맛보기 코스는 항공편으로 직접 파리로 들어갔을 때, 그리고 하루밖에 시간이 없을 때 안성맞춤이다. 코스를 약간만 수정하면 버스로도 각 주요 지점을 방문할 수 있다.

맛보기 코스는 오페라 광장place de l'Opéra에서 시작한다. 이 교차로는 바롱 오스만Baron Haussmann, 1809~1891의 파리 재정비 사업의 핵심이었다. 오페라 광장은 새 천 년을 맞아 눈부시게 재건된 오페라 가르니에Opéra Garnier의 화려함에 가려 다소 퇴색한 분위기다. 174쪽 '증권거래소에서 오페라 가르니에까지' 코스 참고

카퓌신 대로boulevard des Capucines와 마들렌 대로boulevard de la Madeleine를 따라 남서쪽으로 내려가면 마들렌 광장place de la Madeleine이 있다. 이국적인 음식점으로 가득한 이 광장에 신고전주의 양식의 마들렌 성당 L'église de la Madeleine이 위대한 로마 시대의 유산처럼 우뚝 서 있다. 154쪽 '그랑 불바르를 따라' 코스 참고

루아얄 거리rue Royale를 따라 아이쇼핑을 즐기면서 콩코르드 광장place

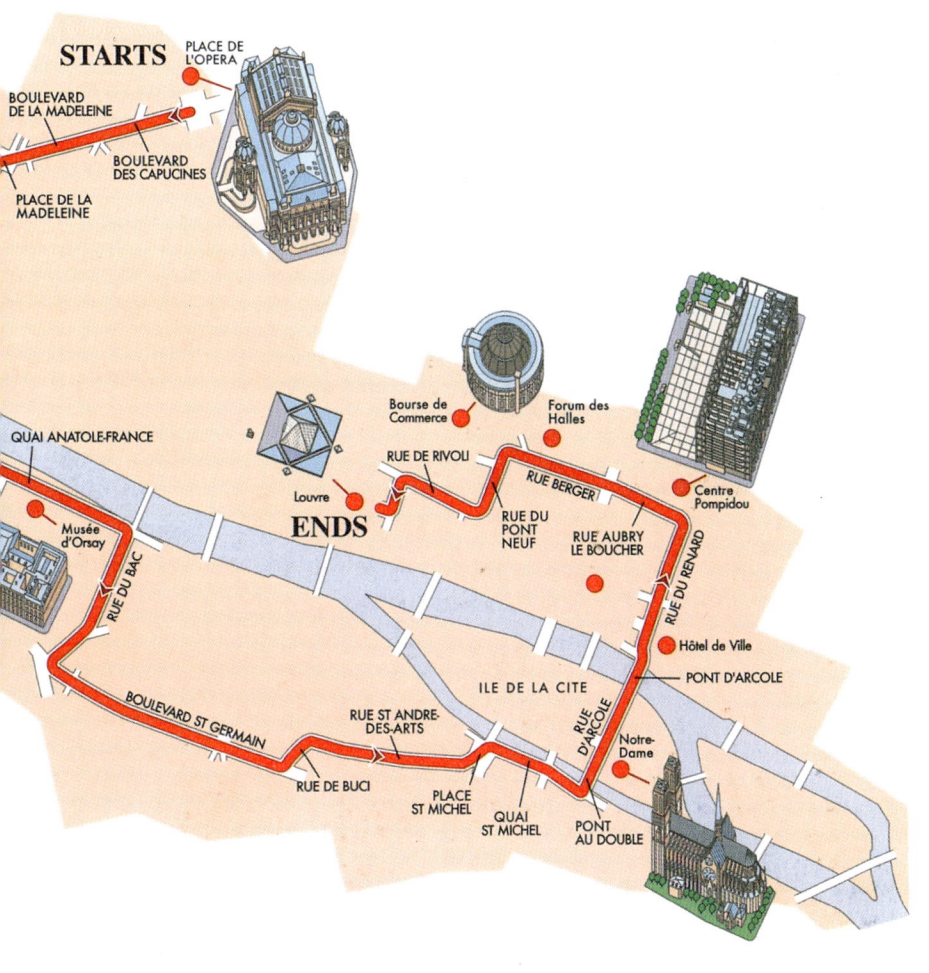

de la Concorde까지 나아가 보자. 124쪽 '루브르 박물관에서 개선문까지' 코스 참고 이 때 루이 15세Louis XV의 장중한 건물 사이를 지나게 되는데, 오른편 건물이 그 유명한 크리용 호텔Hôtel de Crillon이다. 콩코르드 다리Pont de la Concorde로 센 강을 건너면, 맞은편에 프랑스 국회의사당 아상블레 나쇼날Assemblée Nationale이 있다. 이곳은 원래 루이 14세Louis XIV, 1638~1715의 공주를 위해 건설한 부르봉 궁전Palais-Bourbon이었다. 그리스 양식

센 강변에 위치한 오르세 미술관 전경.

의 파사드는 후에 나폴레옹Napoléon Bonaparte, 1769~1821이 첨가한 것이다. 좌회전하여 아나톨 프랑스 강변로quai Anatole France를 따라가면 오르세 미술관Musée d'Orsay이 나온다. 옛 기차역을 개조한 세련된 미술관은 세계적인 인상주의 명작들로 가득하다.84쪽 '생 제르맹데프레에서 오르세 미술관까지' 코스 참고 강변로를 따라 계속 가다가 골동품 상점과 갤러리로 가득한 바크 거리rue du Bac가 나오면 우회전한다. 그런 다음 생 제르맹 대로boulevard St Germain에서 좌회전한다. 센 강 좌안의 대동맥에는 분위기 있는 카페가 무수히 많다. 마음에 드는 곳에서 커피 한잔의 여유를 즐기거나 점심 식사를 하면 좋다.

생제르맹데프레 성당Église Saint-Germain-des-Prés을 지나79쪽 '생 제르맹데프레에서 오르세 미술관까지' 코스 참고 부시 거리rue de Buci에서 좌회전한다. 부시 거리는 갤러리와 서점, 골동품 가게가 은하수처럼 펼쳐지는 낭만적인 곳이다. 또한 화요일부터 금요일까지는 오전에 신선한 과일과 야채 시장이 선다. 부시 거리에서 이어지는 생 앙드레데아르 거리rue

St André-des-Arts는 라탱 지구Quartier Latin의 심장인 생미셸 광장place Saint-Michel으로 연결된다. 58쪽 '카르티에라탱' 코스 참고

두블 다리Pont au Double를 건너 시테 섬Ile de la Cité으로 들어간다. 이때 중세 대성당 노트르담Notre-Dame의 장관을 먼발치에서나마 놓치지 말자. 230쪽 '생 루이 섬과 시테 섬' 코스 참고 아르콜 거리rue d'Arcole를 따라 시테 섬을 가로지른 뒤, 아르콜 다리Pont d'Arcole를 건너 센 강 우안으로 다시 넘어간다. 르나르 거리rue du Renard를 따라 오른편에 19세기 르네상스 양식의 화려함을 자랑하는 오텔 드 빌Hôtel de Ville을, 왼편에 고딕 양식의 생 자크 탑Tour St Jacques을 끼고 나아간다.

르나르 거리 끝에서 좌회전하면 우측에 첨단 복합 전시관 퐁피두 센터Centre National d'art et G. Pompidou가 다채로운 광장을 굽어보고 있다. 에스컬레이터를 타고 퐁피두 센터의 꼭대기 층에 오르면 멋진 파리 전경을 감상할 수 있다. 190쪽 '팔레 루아얄에서 보부르 궁전까지' 코스 참고

베르제 거리rue Berger를 따라 서쪽으로 이동한다. 아름다운 16세기 이노상 분수Fontaine des Innocent를 지나면 거대한 쇼핑센터 포룸 데 알Forum des Halles이 나타난다. 190쪽 '팔레 루아얄에서 보부르 궁전까지' 코스 참고 이곳은 원래 12세기에 건설된 혼잡한 식료품 시장이었다.

퐁 뇌프 거리rue du Pont Neuf에서 좌회전하여 내려간다. 고급 상점들이 가득한 리볼리 거리rue de Rivoli가 나오면 다시 우회전한다. 리볼리 거리에서 곧장 나아가면 루브르 박물관이 나온다. 거대한 루브르를 돌아볼 여유는 없더라도 서쪽 정문에 있는 I.M. 페이의 혁신적인 유리 피라미드는 꼭 한 번 보고 가자. 120쪽 '루브르 박물관에서 개선문까지' 코스 참고 파리 맛보기 걷기는 섬세한 부조와 수많은 조각상으로 장식된 매력적인 루브르리볼리Louvere-Rivoli 메트로 역에서 마무리된다. 이곳에서 어디로든 쉽게 다음 목적지로 이동할 수 있다.

1 _ Montmartre

몽마르트르: 예술과 향락의 거리

몽마르트르 언덕에 오르려면 케이블 열차 퓌니퀼레르를 이용하더라도 어느 정도 오르막길은 감수해야 한다. 운동 삼아 걷는다고 생각하자. '몽마르트르'라는 명칭은 '순교자의 언덕'을 뜻하는 '몽 마르티리움mons martyrium'에서 유래했다. 기원후 250년, 이 언덕에서 2명의 동료와 함께 참수형을 당한 생 드니Saint Denis를 기념하기 위한 것이다. 수 세기 동안 몽마르트르 지역은 시골 마을이었다. 이곳에 가득했던 풍차는 파리 전역에 밀가루를 공급했다. 19세기에 이르자 몽마르트르 언덕의 그림 같은 풍경과 저렴한 임대료에 이끌려 수많은 예술가들이 몰려들었다. 그와 함께 술집, 카바레와 매음굴이 번창했다. 오페라 〈라 보엠La bohème〉의 원작 소설 《보헤미안의 삶Scènes de la vie de bohème》이 탄생한 필연적 배경이었다.

몽마르트르의 문화 예술적 전성기는 19세기 후반과 20세기 초반이었다. 당시 피카소를 비롯한 일군의 예술가들이 유서 깊은 건물 바토 라부아르에 기거하였으며, 모리스 위트릴로는 라팽 아질에서 독주에 푹 절어 살았다. 이 코스에서는 2곳 모두 둘러볼 것이다.

몽마르트르의 관광 사업은 제1차 세계대전과 함께 시작됐다. 오늘날 몽마르트르는 지나친 개발과 상업화에도 불구하고 파리와 예술의 상징으로 회자된다. 특히 유서 깊은 마을 장터 테르트르 광장과 사크레쾨르 대성당은 파리에서 놓칠 수 없는 '관광객들의 순례지' 중 하나다. 몽마르트르 지역에도 피갈Pigalle 같은 매춘으로 퇴락한 악명 높은 구간이 있다. 그러나 그곳조차도 몽마르트르만의 매력이 아닐까.

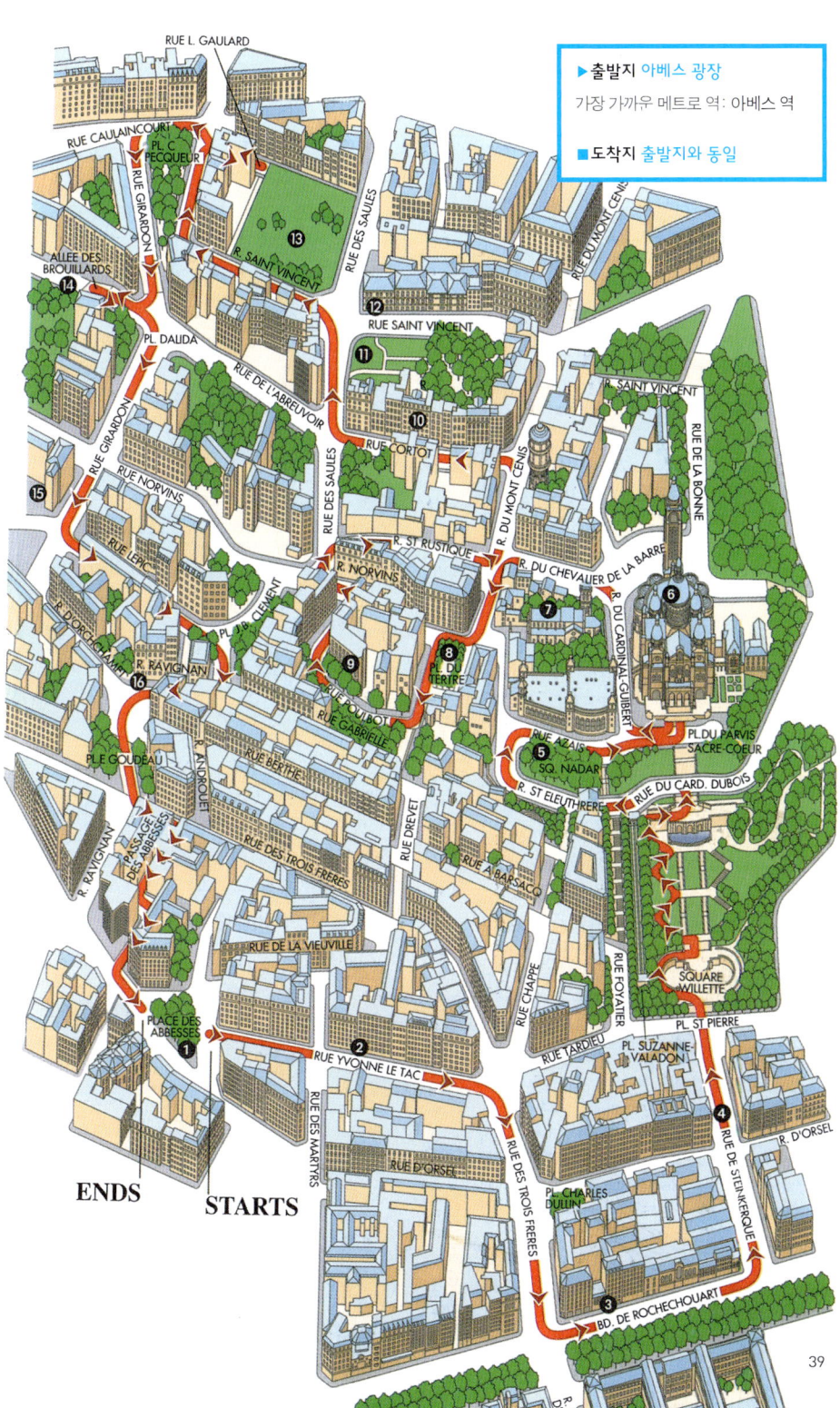

❶ 메트로 역을 빠져나와 그림 같은 아베스 광장place des Abbesses에 도달하면 잠시 역 입구를 돌아보자. 매혹적인 곡선에 광택이 흐르는 옅은 초록색 철제 구조물은 19세기 말에서 20세기 초 유럽을 풍미했던 '아름다운 시대' 벨 에포크Belle Epoque의 유산이다. 산업디자이너이자 건축가인 엑토르 기마르Hector Guimard, 1867~1942의 초기 작품으로, 오늘날 기마르의 벨 에포크 작품은 이 역을 포함해 2점밖에 남아 있지 않다.

아베스 광장은 '수녀들의 광장'이란 뜻이다. 그 기원은 1133년, '뚱보' 루이 6세Louis VI의 왕비 아델라이드Adelaide가 몽마르트르 언덕 정상에 건설한 수녀원으로 거슬러 올라간다. 경사로를 오르내리는 데 지쳐 버린 수녀들은 결국 17세기에 수녀원을 현재의 광장으로 이전했다. 광장 남쪽에는 1904년, 건축가 아나톨 드 보도Anatole de Baudot, 1834~1915가 이슬람 양식으로

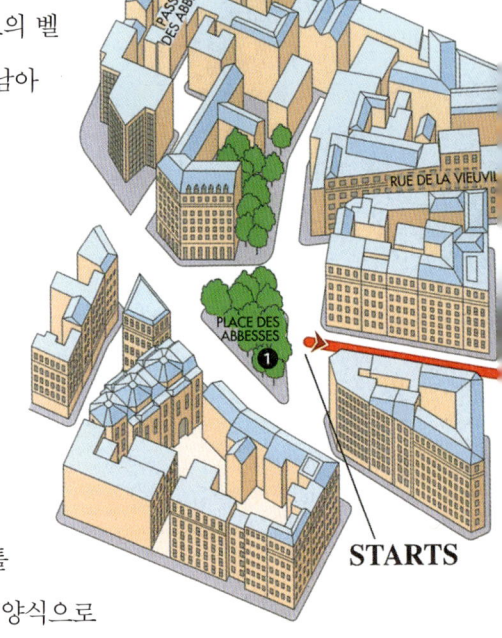

생장드몽마르트르 성당 외관과 도자기 기법으로 장식한 정면 세부 모습.

설계한 생장드몽마르트르 성당Église St-Jean-de-montmartre이 있다. 이 성당은 파리에서 최초로 철근 콘크리트로 설계한 건축물이다. 도자기 기법 장식과 붉은 벽돌 표면 때문에 '생 장데브리크St Jean-des-Briques'라는 애칭으로 널리 알려졌다.

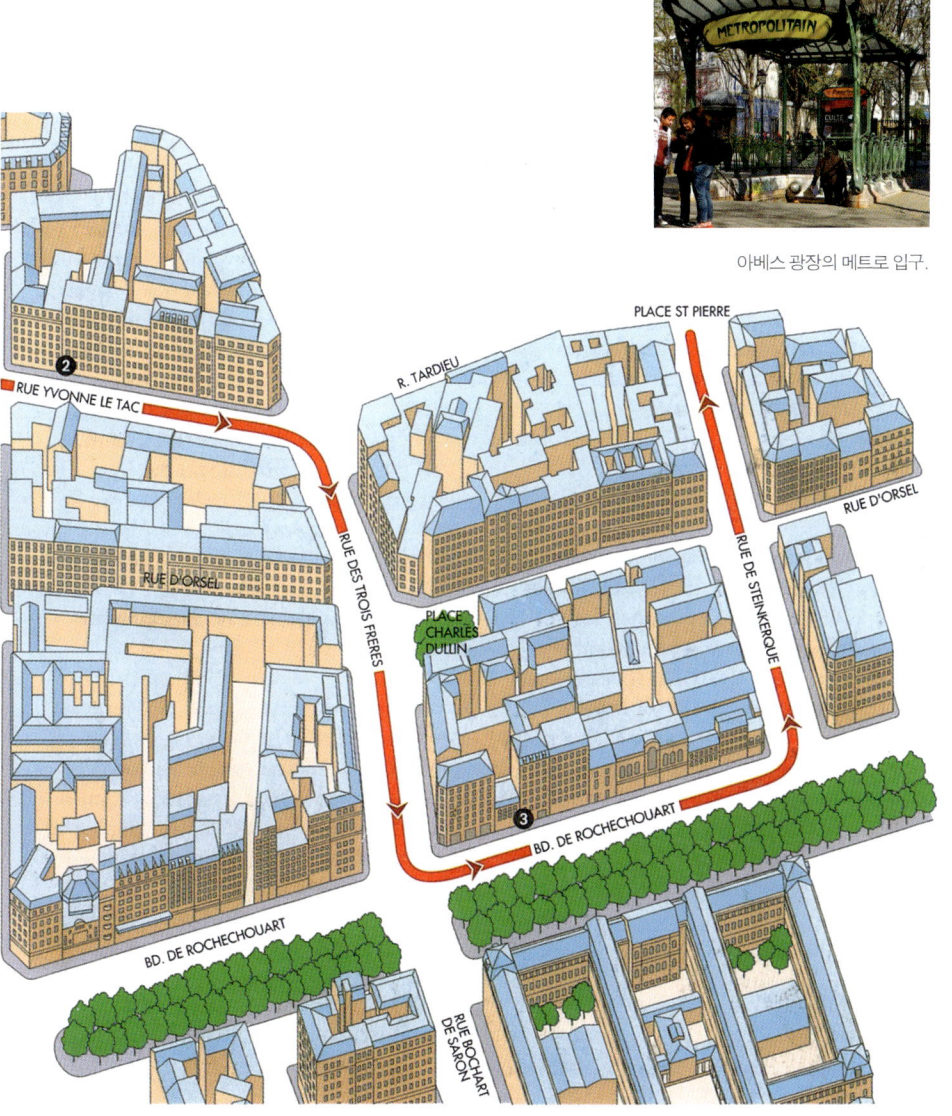

아베스 광장의 메트로 입구.

샤를 두린 광장 안쪽에 있는 아틀리에 극장.

❷ 광장을 벗어나 수많은 레스토랑과 갤러리가 줄지어 선 이본 르 탁 거리rue Yvonne Le Tac로 진입한다. 전설에 따르면 생 드니가 순교한 곳도 바로 이 거리다. 원래는 몽마르트르 꼭대기의 '마르스 신전'에서 처형될 예정이었지만, 언덕을 오르다 지쳐 버린 로마 병사들이 중간 지점에서 생 드니의 목을 베어 버렸던 것이다. 그러나 생 드니는 잘려나간 머리를 집어들고 비틀거리면서 약 6킬로미터를 더 걸어갔다. 참수당한 생 드니의 머리는 그 와중에도 설교를 멈추지 않았으며, 중간에 피를 닦기 위해 근처 분수에 잠시 들르기도 했다. 생 드니가 마침내 설교를 멈추고 쓰러진 곳에 생드니 대성당Basilique de Saint-Denis이 건설되었다. 19세기에 건설된 순교자의 예배당Chapelle du Martyre은 1534년, 예수회가 창립된 곳이기도 하다.

트루아 프레르 거리rue des Trois Frères를 따라 잠시 내려가면 왼편에 자갈을 깐 어두침침한 샤를 두린 광장place Charles Dullin이 나타난다. 광장 안쪽에는 근사한 아틀리에 극장Théâtre de l'Atelier과 카페 뒤 테아트르 Café du Théâtre가 있다.

❸ 트루아 프레르 거리가 끝나는 지점에 북적거리는 로쉬슈아르 대로 boulevard de Rochechouart가 나온다. 이 길 자체는 별 매력이 없지만, 84번지는 역사적으로 매우 의미 있는 곳이다. 비록 오늘날엔 볼품없는 기념품 가게가 들어서 있지만, 한때 로돌프 살리Rodolphe Salis, 1851~1897의 유명한 카바레 르 샤 누아르Le Chat Noir가 있었던 곳이다. '검은 고양이'란 뜻의 이 카바레는 1881년에 문을 열었는데, 파리의 부르주아지들이 점잖은 일상을 잠시 떠나 '화류계 사람들'과의 짜릿한 일탈을 맛보던 곳이었다. 그 명성이 얼마나 자자했던지 1897년 이곳이 문을 닫자, 세계 곳곳에 '르 샤 누아르' 간판을 단 아류 카바레가 생겨날 정도였다.

몇 집 건너 72번지에는 아르누보새로운 예술'이란 뜻, 19세기 말~20세기 초에 유행했으며 곡선을 강조한 작품이 많다 양식의 파사드를 간직한 엘리제 몽마르트르 극장Théâtre Élysée Montmartre이 있다. 2011년 화재로 문을 닫은 후 공사가 진행 중이며 2016년에 재개장할 예정이다. 전성기 때 극장 나이트클럽은 획기적인 쇼로 경쟁 상대가 없을 정도였다. 후에 물랭 루주Moulin Rouge의 스타가 된 전설적인 캉캉 댄서 루이스 웨버Louise Weber, 1866~1929가 '라 글뤼La Goulue'라는 가명으로 데뷔한 곳도 바로 엘리제 몽마르트르 극장이었다.

다르 나이프 미술관.

❹ 오늘날 스탱케르케 거리rue de Steinkerque는 도매 원단 상점과 의류 상점으로 가득하다. 한때 매음굴이었던 이곳은 피카소Pablo Picasso, 1881~1973가 젊은 시절 단골로 찾던 곳이다. 거리를 따라 올라가다 보면 사크레쾨르 대성당Basilique du Sacré-Cœur의 웨딩케이크 모양의 돔이 눈에 들어온다. 걷기 코스에는 포함되지 않지만 빌레트 광장square willette 오른쪽으로 나아가면 롱사르 거리rue Ronsard 2번지에 알 생 피에르Halle St Pierre 건물이 있다. 이곳의 다르 나이프 미술관Musée d'Art Naïf Max Fourny은 전 세계에서 수집한 나이브 아트*Naïve art 회화와 조각품을 전시한다. 사크레쾨르 대성당으로 향하는 층계는 빌레트 광장을 지나 울타리가 쳐진 잔디밭 사이로 이어진다. 곳곳에 벤치가 있어 사방으로 펼쳐진 절경을 감상하며 가쁜 숨을 고를 수 있다. 걸어서 몽마르트르 언덕을 완주할 자신이 없다면, 빌레트 광장 왼쪽의 수잔발라동 광장place Suzanne-Valadon에서 케이블 열차 퓌니퀼레르Funiculaire de Montmartre를 이용하자.

---

* 나이브 아트: 전문적인 미술 교육을 받지 않은 예술가들이 기존의 미학적 원칙에서 벗어나 창조해 낸 독특한 예술 작품을 일컫는다.

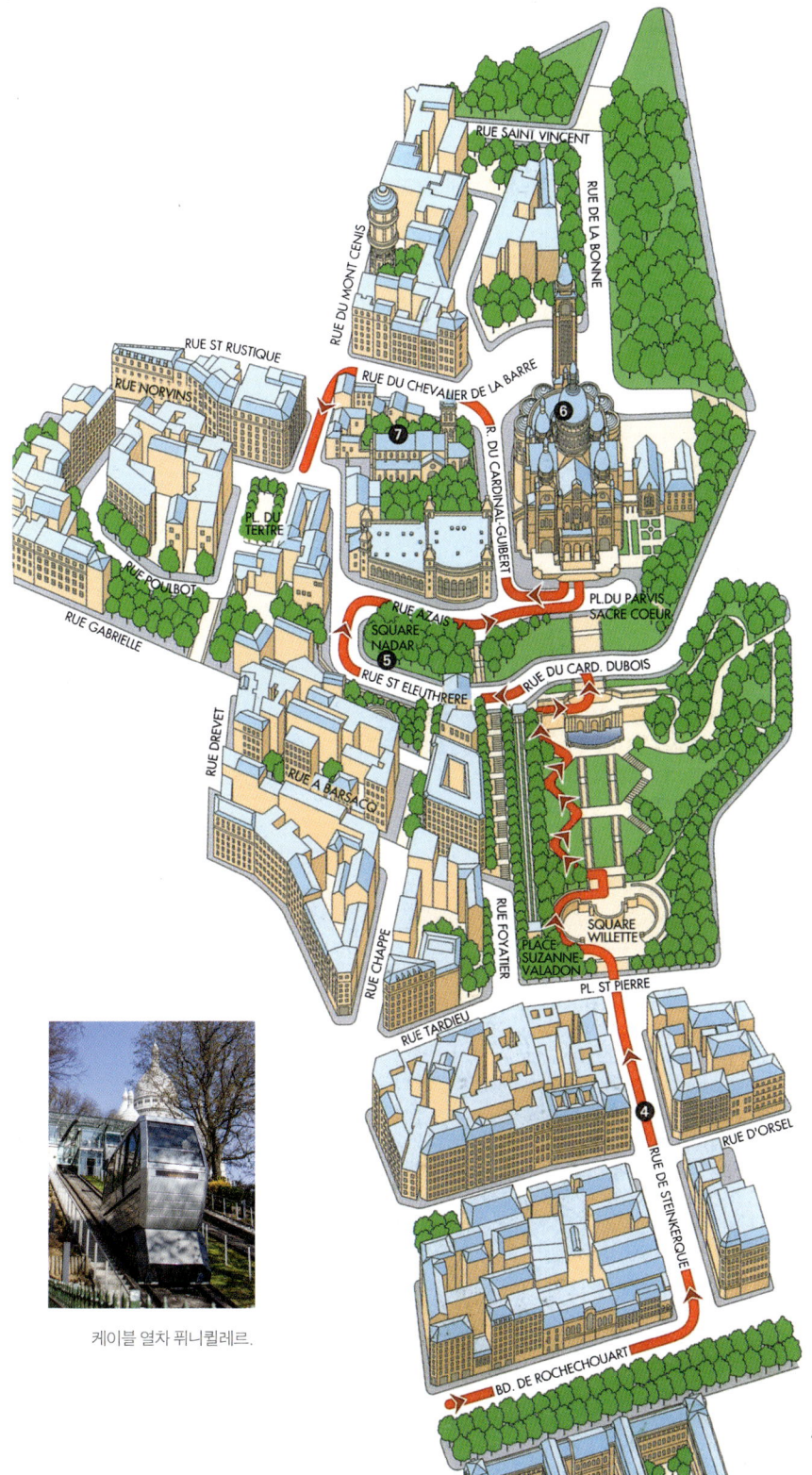

케이블 열차 퓌니퀼레르.

❺ 가파르게 경사진 포이아티에 거리rue Foyatier의 계단 266개를 오르고 나면 초록이 무성한 나다르 광장Sqaure Nadar으로 접어든다. 이 광장에 세워진 동상의 주인공은 18세기 기사였던 장프랑수아 드 라 바르Jean-François de la Barre, 1745~1766다. 1766년, 만 19세의 젊은 기사는 종교 행렬 앞에서 모자도 벗지 않은 채 노래까지 불렀다는 혐의로 구속되어 가택 수색을 받았다. 그 과정에서 당시에는 금서였던 볼테르Valtaire, 1694~1778의 《철학사전Philosophical Dictionary》이 발견되었다. 결국 이 가엾은 젊은이는 불경죄로 혀가 뽑히고 손목이 잘린 채 화형당했다. 이는 18세기 프랑스 기독교의 종교적 불관용과 잔혹한 고문 수사를 고발하는 매우 상징적인 사건이었다. 사크레쾨르 대성당 뒤편의 슈발리에 드 라 바르 거리rue du Chevalier de la Barre도 젊은 기사Chevalier 슈발리에 장프랑수아를 기념하기 위해 붙여진 이름이다.

❻ 사크레쾨르 대성당Basilique du Sacré-Cœur은 에펠탑에 이어 파리에서 가장 인기 있는 명소다. 정면에는 생 루이와 잔다르크의 기마상이 대성당을 지키고 있다. 대성당 광장place du Parvis Sacré-Cœur 귀퉁이에 서면 에펠탑과 앵발리드, 팡테옹, 노트르담 등 아름다운 파리 전경이 한눈에 펼쳐진다. 층계참 옆에 파노라마 지도가 있으니 파리의 윤곽을 더듬는 데 참고하자.

폴 아바디Paul Abadie, 1812~1884가 설계한 로마 비잔틴 양식의 거대한 사크레쾨르 대성당은 아름답다는 표현보다는 장엄하고 강렬하다는 표현이 어울린다. 프랑스와 프로이센 간의 보불 전쟁*에서 패배한 프랑스는 회개하는 심정으로 대성당을 건설하였는데, 1875년에 초석을 놓은 이래 1919년 완성될 때까지 수십 년이 걸렸다. 대성당에 들어서면 제일 먼저 두 팔 벌리고 환영하는 그리스도의 거대한 모자이크 벽화에 시선이 갈 것이다. 아직도 오르막길을 오를 체력이 남았다면, 좁

사크레쾨르 대성당.

고 휘어진 층계를 따라 돔 꼭대기까지 올라가 보자. 눈앞에서 360도로 펼쳐지는 파리의 숨 막히는 경치가 압권이다.

* 보불 전쟁: 1870년부터 1871년까지 프로이센과 프랑스가 에스파냐 국왕의 선출 문제를 둘러싸고 벌인 전쟁. 프로이센이 승리하여 독일 통일이 이루어졌다.

❼ 사크레쾨르 대성당 옆에 생 피에르 드 몽마르트르 성당Église Saint Pierre de Montmartre이 있다. 파리에서 가장 오래된 교회 중 하나로 12세기 베네딕트 수도원의 유산이다. 이 성당은 여러 시대에 걸쳐 수차례 재건되면서 로마 시대부터 있었다는 4개의 기둥, 12세기 성가대석, 15세기 신도석, 18세기 타워, 20세기 출입구 등 다양한 건축 양식이 복잡하게 뒤섞였다. 그럼에도 불구하고 전체적인 인상은 놀라울 정도로 수수하다. 조그마한 성당 안마당은 85개의 무덤이 있는 칼베르 공동묘지Cimetière du Calvaire다. 만성절11월 1일, 하늘에 있는 모든 성인을 찬미하는 축일에만 대중에 개방된다.

몽마르트르의 상징과도 같은 데르트르 광장과 거리 모습.

❽ 몽마르트르의 심장인 테르트르 광장place du Tertre은 한겨울 가장 추운 날에도 관광객들로 인산인해를 이룬다. 그다지 출중한 데 없는 수많은 무명 화가들이 광장 구석구석에서 서로 비슷한 풍경화나 초상화를 내걸고 '영업' 중이다. 일부 관광객들은 이 조잡한 작품을 위해 바가지를 쓰는 것도 기꺼이 감수한다. 테르트르 광장이 전시 공간으로 인기를 끌기 시작한 것은 19세기였다. 그러나 거장들이 떠난 몽마르트르의 명성은 지난 몇십 년간 계속해서 빛을 잃어가고 있다. 테르트르 광장을 둘러싼 수많은 카페와 레스토랑은 맛보다 분위기가 우선이다. 1793년, 광장 6번지에 첫 여주인의 이름을 따 문을 연 셰 라 메르 카트린Chez La Mère Catherine은 이 광장에서 가장 오래된 레스토랑이다. 전화문의: 01-4606-3269

❾ 칼바르 거리re du Calvaire로 광장을 벗어나 가파른 층계를 오른 다음 풀보 거리rue Poulbot로 우회전한다. 이곳 11번지에 '달리 공간' 에스파스 달리 몽마르트르Espace Dali Montmartre가 있다. 초현실주의 예술가 살바

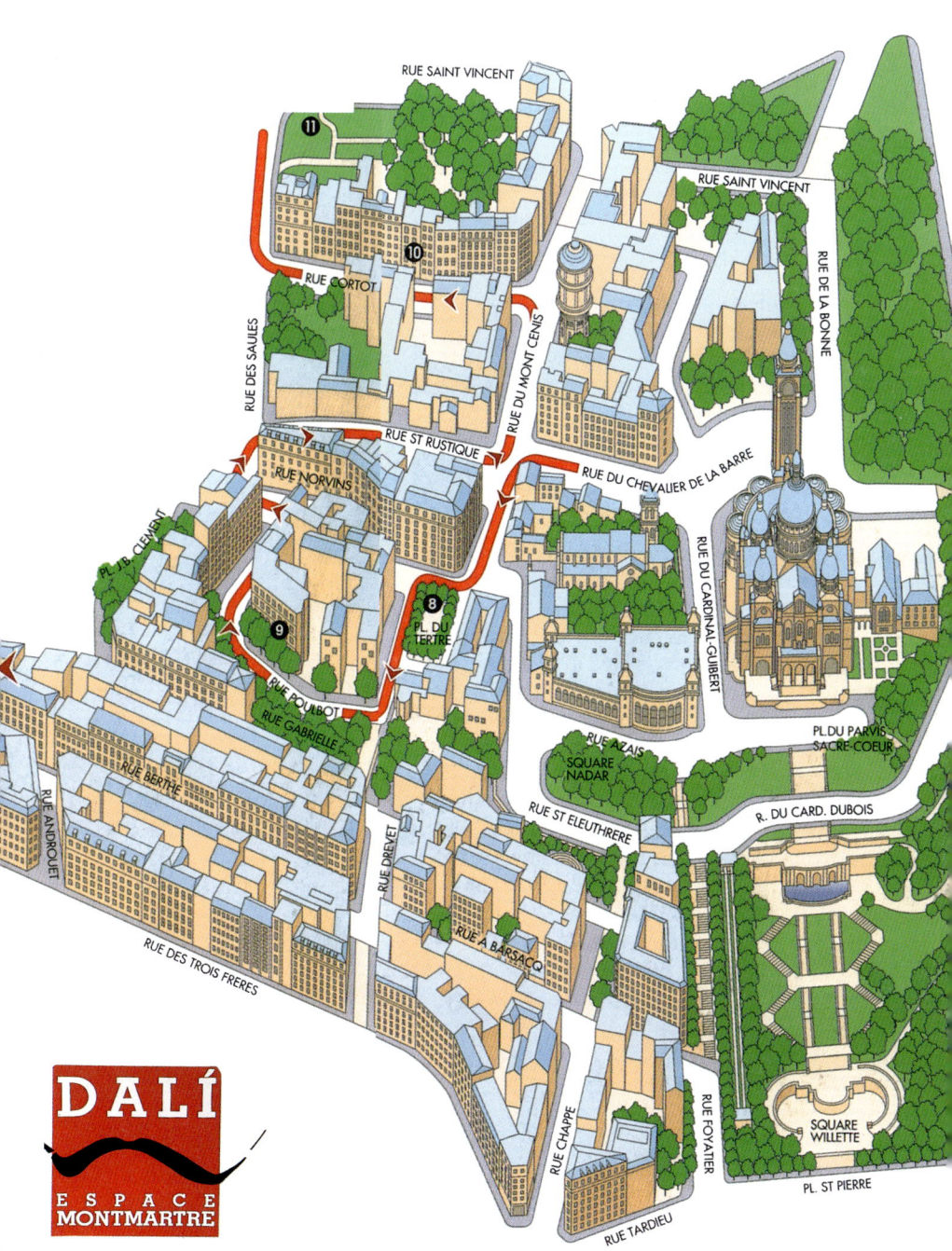

달리 미술관의 간판.

많은 관광객들의 사랑을 받고 있는 명소 라 메종 로즈.

도르 달리Salvador Dalí, 1904~1989의 미술관이다. 미술관 벽에는 청동 시계가 가냘픈 나뭇가지 위에 걸쳐진 채 녹아내리고, 심장 모양의 구멍에서 유니콘 1마리가 피를 뽑아낸다. 지하 동굴 같은 전시관은 매일 오전 10시부터 오후 6시까지 열며, 달리의 초현실주의 회화와 스케치, 조각품들을 상시 전시한다.전화문의: 01-4264-4010

❿ 코르토 거리rue Cortot 12번지, 몽마르트르에서 가장 오래된 건물에 몽마르트르 박물관Musée de Montmartre이 있다. 매혹적인 역사적 자료를 통해 몽마르트르의 역사 속으로 빠져 보자.

유서 깊은 보헤미안 카페 아브뢰부아르Café de l'Abreuvoir도 재건되었다. 이 건물은 17세기에 배우 클로드 로즈Claude Roze의 소유였다. 그는 로즈 드 로지몽Roze de Rosimond으로 더 잘 알려졌는데, 극작가이자 배우였던 몰리에르Jean-Baptiste Poquelin Molière, 1622~1673의 후임이었다. 프랑스 희곡 역사를 새로 쓴 몰리에르는 그의 작품 〈상상병 환자Le Malade imaginaire〉를 연기하던 중 무대에서 숨을 거두었다. 운명의 장난처럼 로즈 역시 몰리에르와 같은 역을 맡다가 무대에서 숨을 거두었다. 19

몽마르트르 포도원 전경.

세기에 이르러 르누아르Pierre-Auguste Renoir, 1841~1919나 라울 뒤피Raoul dufy, 1877~1953 같은 수많은 예술가들이 이 건물을 스튜디오로 사용했다. 그중에서도 곡예사에서 모델로, 모델에서 인상주의 화가로 변신한 수잔 발라동Suzanne Valadon, 1865~1938과 그녀의 아들 모리스 위트릴로Maurice Utrillo, 1883~1955가 유명하다. 위트릴로가 자신의 화폭에 담은 아브뢰부아르 거리 2번지의 작은 분홍색 레스토랑 라 메종 로즈La Maison Rose는 몽마르트르의 불멸의 명소가 되었다.전화문의: 01-4257-6675

⓫ 생뱅상 거리rue Saint-Vincent에 서서 몽마르트르 포도원La Vigne de Montmartre을 올려다보자. 현재 파리에 유일하게 남아 있는 포도원이다. 몽마르트르 포도원은 1930년대 예술가 프란시스크 풀보Francisque Poulbot, 1879~1946의 주창으로 조성되었는데, 당시 몽마르트르 언덕을 뒤덮었던 포도밭 풍경을 조금이나마 상상할 수 있게 해 준다. 이곳에서 생산되는 와인 '클로 몽마르트르'는 매년 700병 정도만 나올 정도로 귀하다. 매년 10월에는 포도 경작을 축하하며 와인 시음회를 하는 축제, 페트 데 방당주Fête des Vendanges de Montmartre가 열린다.

한때 예술가와 작가들이 즐겨 찾던 유서 깊은 카바레 라팽 아질. 생뱅상 공동묘지.

⓬ 솔 거리rue des Saules 22번지, 19세기 말에 문을 연 보헤미안 카바레 라팽 아질Lapin Agile은 고객층만 빼면 거의 변한 게 없다. 아기자기한 테라스에는 여전히 커다란 아카시아 나무가 그늘을 드리우고 있으며, 담쟁이로 덮인 분홍색 벽도, 초록색 덧창도 그대로다. 또한 캐리커처 화가 앙드레 질André Gill, 1840~1885이 1875년에 남긴 유명한 그림〈소스 냄비를 뛰어 오르는 토끼〉도 그대로 있다. 카바레 이름도 '질의 토끼'라는 뜻의 '라팽 아 질Le Lapin à Gill'에서 유래했다. 19세기 말부터 20세기 초까지 피카소, 모딜리아니Modigliani, 1884~1920, 위트릴로, 기욤 아폴리네르Guillaume Apollinaire, 1890~1918 등 수많은 예술가들이 라팽 아질을 단골로 드나들었다. 유감스럽게도 오늘날 이 유서 깊은 카바레는 예술가들보다 관광객들로 인산인해를 이룬다.

⓭ 아이비 넝쿨로 뒤덮인 생뱅상 공동묘지Cimetière Saint-Vincent는 루시앵골라르 거리rue Lucien-Gaulard에 있다. 수수하고 검소한 묘비들이 화려하고 거대한 묘석의 그늘 아래 누워 있다. 19세기 초 칼베르 공동묘지가 가득 차자, 미처 가족 묏자리를 봐 두지 못한 몽마르트르 주민들은 1831년부터 생뱅상 공동묘지에 마

생뱅상 공동묘지의 묘석.

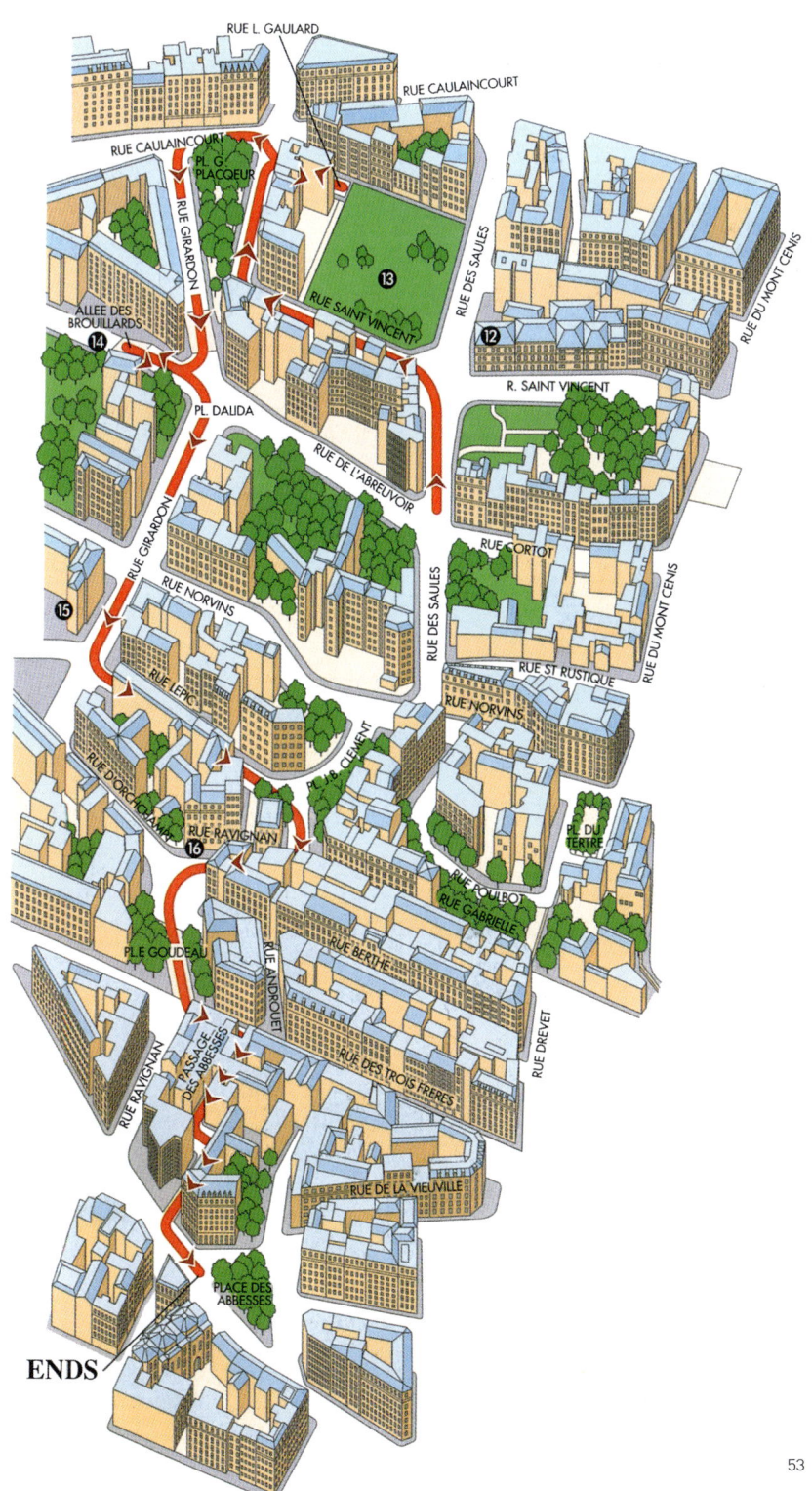

수많은 화가들이 화폭에 담았던 물랭 드 라 갈레트.

지막 안식처를 구했다. 크고 작은 900여 개의 무덤 중 화가 모리스 위트릴로Maurice Utrillol, 1883~1955와 겐 폴Gen Paul, 1895~1975, 작가 마르셀 에메Marcel Aymé, 1902~1967와 에밀 구도Émile Goudeau, 1849~1906 등의 무덤도 있으니 한 번 찾아보는 것도 재미있을 것이다.

⓮ 공동묘지에서 기라동 거리rue Giradon로 돌아 나와 '안개 골목'이란 뜻의 알레 데 브루야르Allée des Brouillards를 잠시 돌아보자. 초록이 우거진 이 공간은 이름만큼이나 낭만적이다. 왼쪽의 건물은 18세기에 건설된 샤토 데 브루야르Château des Brouillards로, 예술가와 시인들의 사랑을 한 몸에 받았던 아름다운 전원주택이다. 그 옆 수잔 뷔송 광장square Suzanne Buisson에는 잘려 나간 머리를 들고 음울하게 서 있는 생 드니의 조각상이 있다.

잘려나간 머리를 들고 있는 생 드니 상.

⓯ 한때 몽마르트르 언덕은 수많은 풍차가 하늘을 수놓았는데, 현재는 2개만 남아 있다. 물막이 판자를 사용한 풍차 물랭 뒤 라데Moulin du Radet도 근사하지만, 르픽 거리rue Lepic 79번지의 풍차 물랭 드 라 갈레트Moulin de la Galette가 훨씬 더 유명하다.지도 밖 고흐, 피카소 등 수많은 거장들이 '갈레트 풍차'를 화폭에 담았는데, 특히 풍차 일대를 연회장으로 탈바꿈시킨 르누아르의 〈갈레트 풍차의 무도회〉가 유명하다.

⓰ 원래 피아노 공장이었던 라비냥 거리rue Ravignan 13번지의 바토라부아르Bateau-Lavoir는 19세기 말부터 작가와 예술가들의 안식처가 되었다. 이곳에 살았던 시인이자 화가인 막스 자코브Max Jacob, 1876~1944가 1889년 '세탁선Bateau-Lavoir'이라는 뜻의 건물 이름을 지었다고 하는데, 이 건물 모양이 당시 센 강에 줄지어 정박해 있던 세탁선과 닮았기 때문이다. 바토라부아르에 살림집과 작업실을 차렸던 예술가 중에는 피카소, 기욤 아폴리네르, 모딜리아니, 후안 그리Juan Gris, 1887~1927 등이 있다. 원래 건물은 1970년 화재로 전소되었는데, 현재 복구된 바토라부아르는 장래가 유망한 예술가들이 작업실을 두고 있는 더욱 쾌적한 장소로 거듭났다.

바토라부아르.

매력적인 에밀구도 광장place Émile-Goudeau으로 내려가면 우아하고 고풍스러운 월라스 분수Wallace Fountain를 감상할 수 있다.61쪽 참고 라비냥 거리rue Ravignan 12번지에 있는 레스토랑 를레 드 라 뷰트Relais de la Butte에서는 풍성한 치즈 요리를 합리적인 가격에 즐길 수 있다.전화문의: 01-4223-2434

2 _ Quartier Latin

카르티에라탱: 학자와 반항아들의 거리

라탱 지구 Quartier Latin는 파리 코뮌 시절과 1968년 5월 학생 혁명 같은 격동기에 정치적 불안과 소요가 넘실거렸던 곳이다. 오늘날도 활기찬 생명력과 저항·반항 정신이 강렬한 에너지를 발산한다. 또한 그 뜨거운 학구열만큼 보헤미안적인 삶의 방식이 여전히 미덕으로 칭송받고 있다. '카르티에라탱'이란 명칭은 이곳 대학가에서 몇 세기 동안 라틴어로 수학한 데서 유래했다. 대학가의 역사적 뿌리는 로마 시대로 거슬러 올라간다. 13세기 중반에 설립된 소르본 대학은 오늘날까지도 프랑스 고등교육의 심장이다. 이 지구의 대동맥이라 할 수 있는 생미셸 대로는 '불미슈 Boul'Mich'라는 애칭으로 더 잘 알려졌다. 하지만 이번 걷기 코스는 불미슈를 벗어나 다채로운 이민자 거주지로 탈바꿈한 유서 깊은 로마 시대의 골목길과 강변로를 따라 간다. 그런 다음 근사한 국립 중세 박물관과 소르본 대학가를 둘러보고, 언덕 위에 자리한 팡테옹에서 걷기를 마무리할 것이다.

소르본 대학 전경.

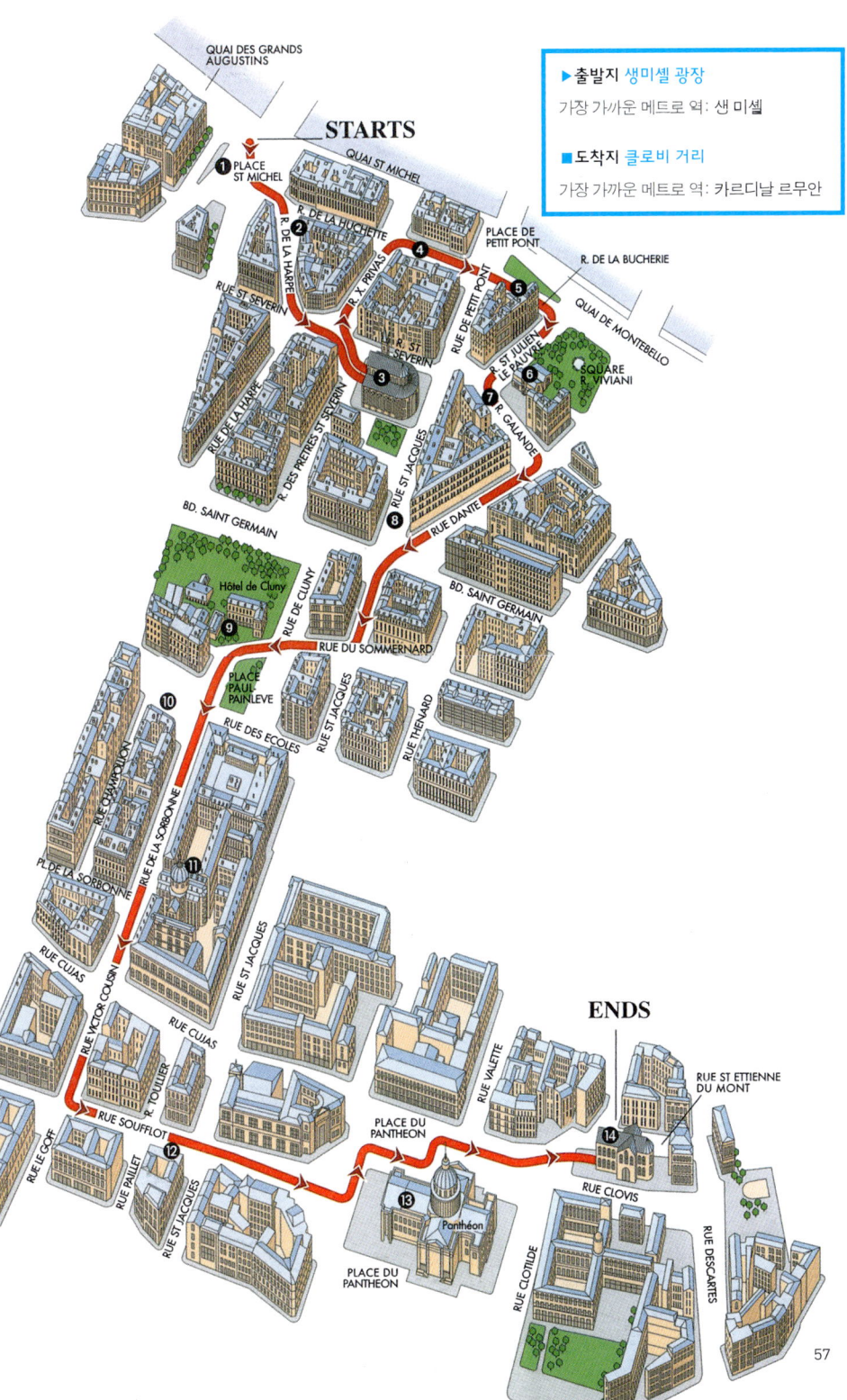

웅장한 생 미셸 분수(좌)와 고딕 양식의 생세브랭 성당(우).

❶ 늘 북적거리는 생미셸 광장place Saint-Michel의 백미는 웅장한 생 미셸 분수Fontaine St Michel로, 건축가 가브리엘 다비우Gabriel Davioud, 1824~1881가 1860년에 완성한 것이다. 생미셸 대로boulevard Saint-Michel의 첫 번째 건물 측면 벽에 설계된 이 거대한 기념비는 대천사 미셸이 악마를 분수 속에 던져 넣는 장면을 묘사하고 있다.

❷ 위셰트 거리rue de la Huchette를 따라가다가 우측 아르프 거리rue de la Harpe로 빠진다. V자 모양의 길을 따라 내려가면 카르티에라탱 특유의 엄숙하고 학구적인 모습과 다른 전형적인 유혹의 덫이 나타난다. 이곳은 밤 문화와 저렴한 그리스·북미 요리를 즐길 수 있는 카르티에라탱의 중심 유흥가다. 레스토랑 주인들은 문 앞에 서서 지나가는 행인들을 그냥 보내는 법이 없다. 조금이라도 마음이 약해지는 순간, 이미 반 강제적으로 식당 안에 자리 잡은 자신을 발견할 것이다. 이 흥미로운 골목은 여행객들에게는 다소 성가신 지뢰밭 같은 곳이니, 굶어 죽기 직전이 아니라면 유혹에 쉽게 넘어가지 말자.

❸ V자 골목의 아랫부분에서 다시 생세브랭 거리rue Saint-Séverin를 따라 조금 더 내려간다. 좀 전과는 완전 딴판으로 점잖고 조화로운 생세브랭 성당Église Saint-Séverin이 나타난다. 아름다운 고딕 양식의 실내에 들어서면, 중앙에서 갈라져 나온 야자수 모양의 열주 숲 사이에 형성된 이중 보행로가 방문객의 마음을 단번에 사로잡는다. 성당 안쪽에는 평화로운 정원도 있다. 이곳의 뾰족한 지붕을 이고 있는 둥근 아케이드는 15세기 유산으로, 파리에 남아 있는 유일한 납골당이다.

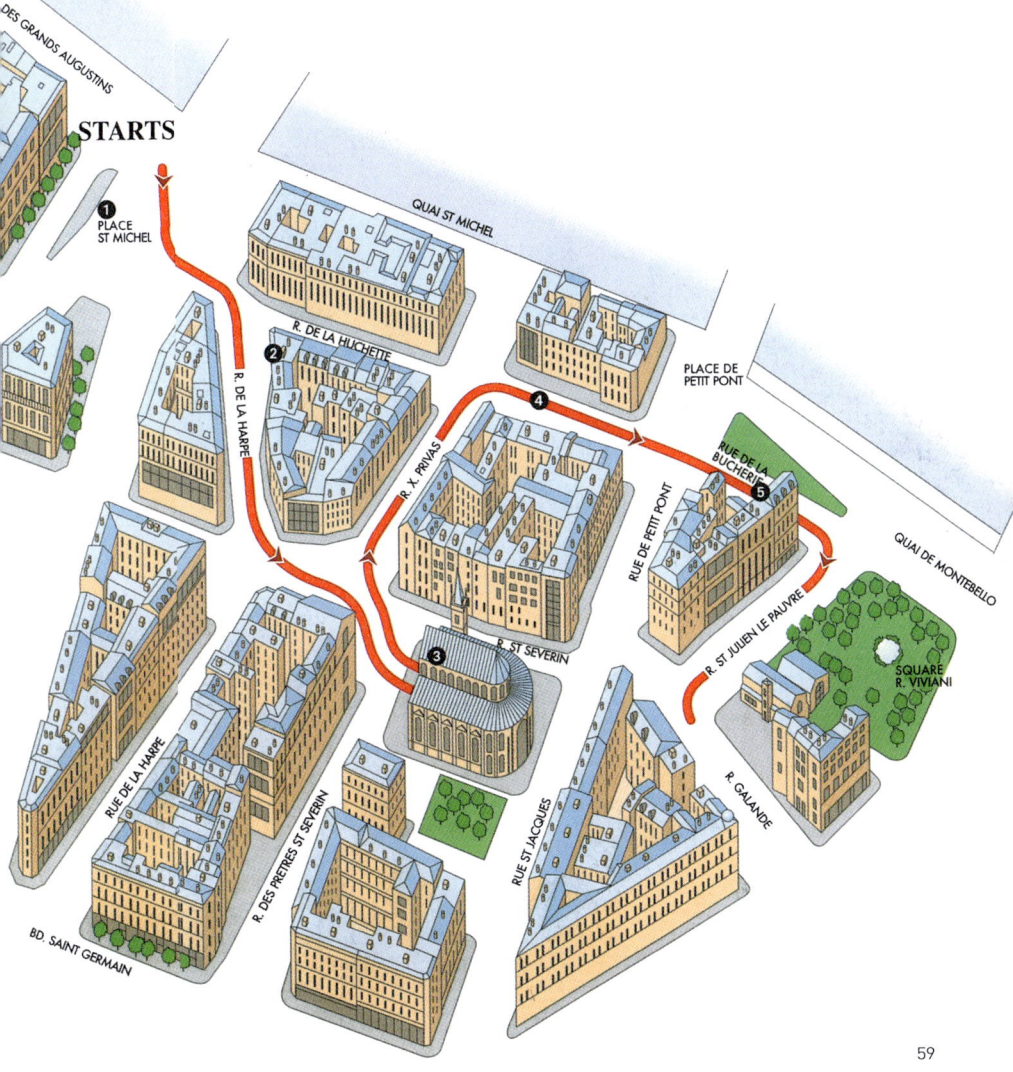

❹ 왔던 길을 돌아가 자비에프리바 거리rue Xavier-Privas를 따라 올라가면 다시 위셰트 거리rue de la Huchette와 만난다. 우회전해서 걷다 보면 생미셸 강변로quai Saint-Michel와 위셰트 거리 사이에 파리에서 가장 좁은 길인 샤키페슈 거리rue du Chat-Qui-Pêche가 있다. 그냥 지나치기 쉽지만 중세의 파리 풍경을 연상케 하는 인상적인 골목이다. 또한 1795년, 아직 젊고 가난했던 나폴레옹이 이곳 10번지에서 셋방살이를 했다고 한다. 사실 여부를 확인할 수는 없지만, 그곳에서 가장 가까운 선술집 주인은 혹시라도 그 유명세에 흠이 갈까 나폴레옹이 실제로 그곳에 살았었다고 재차 강조한다. 거리 이름은 '고기 잡는 고양이 거리'라는 뜻으로 인근 상점의 간판 그림에서 유래한 것이다.

이 골목을 지나면 위셰트 거리 5번지 16세기 건물 지하에 카보 드 라 위셰트Caveau de la Huchette가 있다. 1946년에 문을 연 재즈바다. 예전만큼은 못하지만 여전히 재즈 팬들 사이에서 옛 명성을 이어가고 있다.

❺ 좌우로 꽉 막힌 허름한 길을 지나다 보면 눈앞에 아름다운 노트르담의 장관이 본연의 영광과 과장된 명성에 걸맞게 펼쳐진다.230쪽 참고 그리고 뷔셰리 거리rue de la Bûcherie 37번지에는 보헤미안 분위기가 물씬 풍기는 영어 서적 전문점 셰익스피어 앤 컴퍼니Shakespeare and Company, 운영 시간_월~토요일: 10am~11pm, 일요일: 11am~11pm가 있다. 1919년, 실비아 비치Sylvia Beach, 1887~1962가 창설한 오리지널 셰익스피어 앤 컴퍼니는 오데옹 거리rue de l'Odéon 12번지에 있었다. 당시 이 서점은 헤밍웨이Ernest Hemingway, 1899~1961, 제임스 조이스James Joyce1882~1941, 에즈라 파운드Ezra W. L. Pound, 1885~1972 같은 영어권 망명 작가들의 보금자리였다.

망명 작가들은 프랑스 작가들과 이곳에서 수시로 문학 모임을 가졌다. 1922년 제임스 조이스의 역작《율리시스Ulysses》

셰익스피어 앤 컴퍼니 서점에 있는 미국 시인이자 수필가인 월트 휘트먼(Walt Whitman, 1819~1892)의 초상화.

파리의 유서 깊은 고서점 셰익스피어 앤 컴퍼니의 모습.

를 출판한 곳도 바로 이곳이다. 파리 문단과 망명 문호들의 보금자리였던 실비아 비치의 서점은 숱한 우여곡절 끝에 1941년, 제2차 세계대전 중 프랑스를 점령했던 독일군에 의해 강제로 문을 닫고 말았다. 수많은 작가들의 노력에도 불구하고 서점은 부활하지 못했다. 한편, 1951년 뷔셰리 거리에 영어 서적 전문점을 열었던 미국인 조지 휘트먼George Whitman, 1913~2011은 셰익스피어 앤 컴퍼니가 부활하지 못한 채 실비아 비치가 세상을 떠나자, 그 이름을 차용하였다. 그리하여 셰익스피어 앤 컴퍼니는 오늘날까지 그 영광과 전통을 이어오게 된 것이다. 우리에게는 영화 〈비포 선셋Before Sunset〉에서 주인공 제시가 출판 기념 낭독회를 열었던 곳으로 더 유명해졌다.

서점 밖에는 영국 출신 예술품 수집가였던 리차드 월라스 경Sir Richard Wallace, 1818~1890이 1872년에 파리 시에 기증한 월라스 분수가 있다. 그는 당시 예술성과 실용성을 겸비한 식수용 분수 50개를 기증했는데, 그 일부는 여전히 파리 시내 곳곳에 남아 있다.

❻ 아담한 생줄리앙르포브르 성당Église Saint-Julien-le-Pauvre은 대도시의 때가 묻지 않은 수수하고 고혹적인 전원 분위기를 자랑한다. 성당의 조그맣고 예쁜 정원에 서면 노트르담을 한눈에 내다볼 수 있는 멋진 경치를 감상할 수 있으며, 도심이라고는 믿기지 않을 만큼 평화롭다. 역사적 뿌리가 1170년까지 거슬러 올라가는 이 성당은 파리에서 가장 오래된 성당 중 하나다. 성당 내부는 원래 잎사귀 모양으로 장식한 기둥머리 정도로 매우 소박하게 설계되었다. 그러나 1889년부터 성당이 그리스 동방 정교회의 멜키트 교파에 귀속되면서 화려한 비잔틴 양식을 꽃피우기 시작했다. 한편, 생줄리앙르포브르 거리에는 목재 들보가 드러난 낡은 건물들이 몇몇 있다. 그중 특히 아름다움을 자랑하는 14번지 현관은 17세기의 유산이다.

❼ 성당을 지나 갈랑드 거리rue Galande가 나오면 좌회전한다. 이곳에서 조잡한 극장 벽면에 어울리지 않게 파리에서 가장 오래된 거리 장식을 발견할 수 있다. 14세기 생 줄리앙St Julien과 그의 아내가 예수를 도와 센 강을 건너는 장면을 묘사한 부조다. 단테 거리rue Dante에서 우회전하면 음식과 와인에 관한 서적을 판매하는 보물 창고 리브라리 구르망드Librairie Gourmande가 있었다. 지금은 도보로 30분 거리인 몽마르트르 거리 92-96번지로 이사갔다. 관광객보다는 파리 시민으로 북적거

생줄리앙르포브르 성당(좌)과 갈랑드 거리에 있는 파리에서 가장 오래된 거리 부조(우).

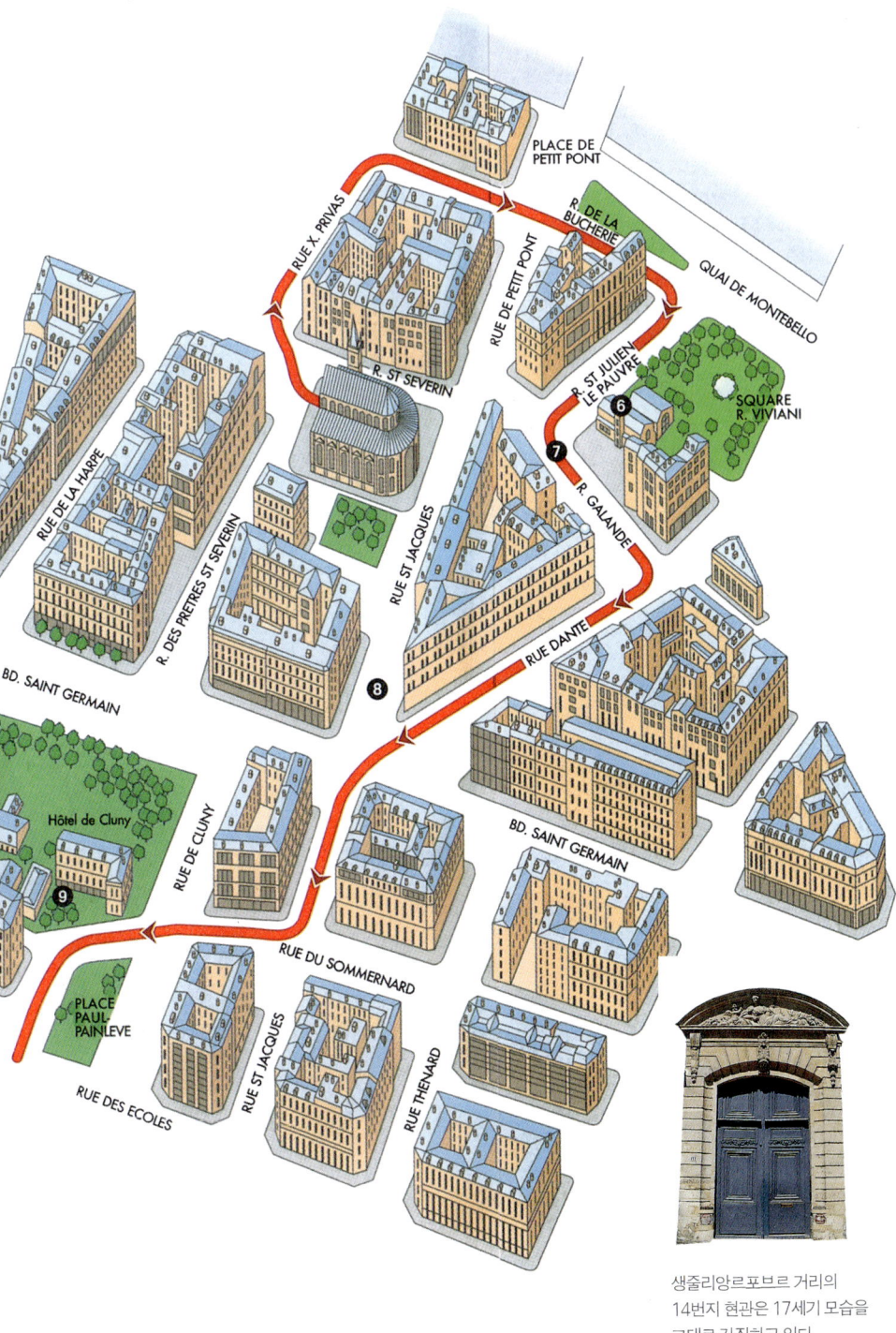

생쥘리앙르포브르 거리의 14번지 현관은 17세기 모습을 그대로 간직하고 있다.

국립 중세 박물관의 외부와 내부 모습.

리는 이곳에는 식도락에 관한 것이라면 무엇이든 다 있다. 옆 가게 라크함Rackham은 만화와 관련된 온갖 소품을 판매한다. 유명한 벨기에 만화《탱탱과 밀루의 모험Les Aventures de Tintin et Milou》의 팬이라면 특히 환영할 만한 곳이다.

❽ 생 자크 거리rue St Jacques와 V자로 만나는 지점까지 나아간다. 이곳에서 오른쪽으로 돌아보면 27번지 벽면에 살바도르 달리의 해시계가 있다. 지금은 샌드위치 가게가 들어섰다. 생 자크성 야콥 또는 산티아고라는 거리 이름은 중세 시대 스페인의 산티아고 데 콤포스텔라Santiago de Compostela로 향하는 성지 순례길이 이곳에서 시작했기 때문에 붙여진 것이다.불어로는 'St Jacques de Compostelle.'

❾ 이제 중세 예술품과 수공예품으로 가득한 클뤼니 박물관Musée de Cluny, 즉 국립 중세 박물관Musée National du Moyen Âge을 둘러볼 차례다. 박물관은 중세 정원 덕분에 과거로 시간 여행을 떠나기에 더욱 매력적인 곳이다. 국립 중세 박물관은 크게 두 채의 건물로 구성되어 있다. 그중 하나는 갈로로만 시대B. C. 50~A. D. 5, 갈리아가 로마 지배 아래 있던 시

대의 목욕탕 유적인 테름 드 클뤼니Thermes de Cluny, Thermes de Lutèce다. 이 거대한 냉욕탕 프리지다리움Frigidarium은 15미터 높이로 치솟은 둥근 천장 아래 자리 잡고 있다. 다른 하나는 1330년에 클뤼니 수도원의 고위 성직자들을 위해 건설되었다가 1510년 재건된 클뤼니 저택Hôtel de Cluny이다.

클뤼니 저택에는 흥미진진한 볼거리가 참 많다. 가령, 6번째 방은 캄캄한 공간에 루앙 대성당Cathédrale Notre-Dame de Rouen과 생트샤펠Sainte-Chapelle, 생드니 대성당Basilique de Saint-Denis에서 가져온 빛나는 스테인드글라스로 촘촘히 장식해 두었다. 노트르담 묘석의 조각상 머리를 모아 놓은 방 입구는 피에르 드 몽트뢰이Pierre de Montreuil, 1200?~1266가 13세기 중반에 세공한 석조 문이 장식하고 있다.

국립 중세 박물관에서 가장 인기 있는 전시물은 뭐니 뭐니 해도 15세기 후반에 제작된 벽걸이 융단 〈숙녀와 유니콘La Dame à la Licorne〉이다. 여섯 벌의 융단이 한 세트를 이루는 이 작품은 긴 드레스 가운을 걸친 신비로운 여인과 유니콘, 사자, 여종, 원숭이들로 구성되어 있으며, 환상적이고 고풍스러운 세계를 창조하고 있다. 그 모습이 시적이고 성스러워 묘한 분위기를 뿜어낸다. 다섯 벌의 융단은 오감伍感을, 여섯 번째 융단은 오감의 정복을 뜻한다. 1841년, 고고학자이자 희곡 작가인 프로스페르 메리메Prosper Mérimée, 1803~1870가 크뢰즈Creuse의 어느 성에서 〈숙녀와 유니콘〉을 처음 발견하였다. 그 후 소설가이자 페미니스트였던 조르주 상드George Sand, 1804~1876가 그녀의 작품에 이 융단을 묘사함으로써 세간의 관심을 불러일으켰다. 그리하여 융단은 1882년부터 국립 중세 박물관에 소장되어 현재에 이르고 있다. 박물관의 정기 휴일은 매주 화요일이니 참고하자.

명예의 뜰에서 바라본 소르본 성당(좌)과 소르본 명예의 뜰에 있는 빅토르 위고 동상(우).

⑩ 유명한 문인들의 소굴이었던 브라스리 발자르Brasserie Balzar는 1898년 문을 연 유서 깊은 레스토랑이다. 그 오랜 역사에도 불구하고 파리에서 가장 한결같은 곳이다. 간결하면서도 맛 좋은 전통 프랑스 음식과 흰색 앞치마를 두른 친절한 종업원들, 개성 넘치는 각양각색의 고객들, 나무판자로 마무리한 벽과 비닐을 씌운 벽면의 긴 의자 등, 단순하고 촌스럽지만 친근하고 고풍스럽다. 에콜 거리rue des Ecoles 49번지에 있으며, 예약하고 가는 것이 좋다.전화문의: 01-4354-1367 가장 가까운 메트로 역은 오데옹Odéon이나 클뤼니라 소르본Cluny-La Sorbonne이다.

⑪ 13세기에 설립된 소르본 대학La Sorbonne은 현재 파리 대학Université de Paris의 일부다. 이 주변 대학가야말로 '카르티에라탱'의 심장이라 할 수 있다. 진지하면서도 쾌활한 학생들 사이에 뒤섞여 소르본 대학의 거대한 안뜰로 들어서자. 측면의 소르본 성당Église de la Sorbonne에는 17세기 소르본의 대법관이자 추기경이었던 리슐리외Cardinal Richelieu, 1585~1642가 잠들어 있다. 소르본 성당 앞에 펼쳐진 소르본 광장place de la Sorbonne, 일명 명예의 뜰Sorbonne cour D'honneur은 1968년 전국을 휩쓸었던 5월 학생혁명이 점화된 역사적인 장소다.

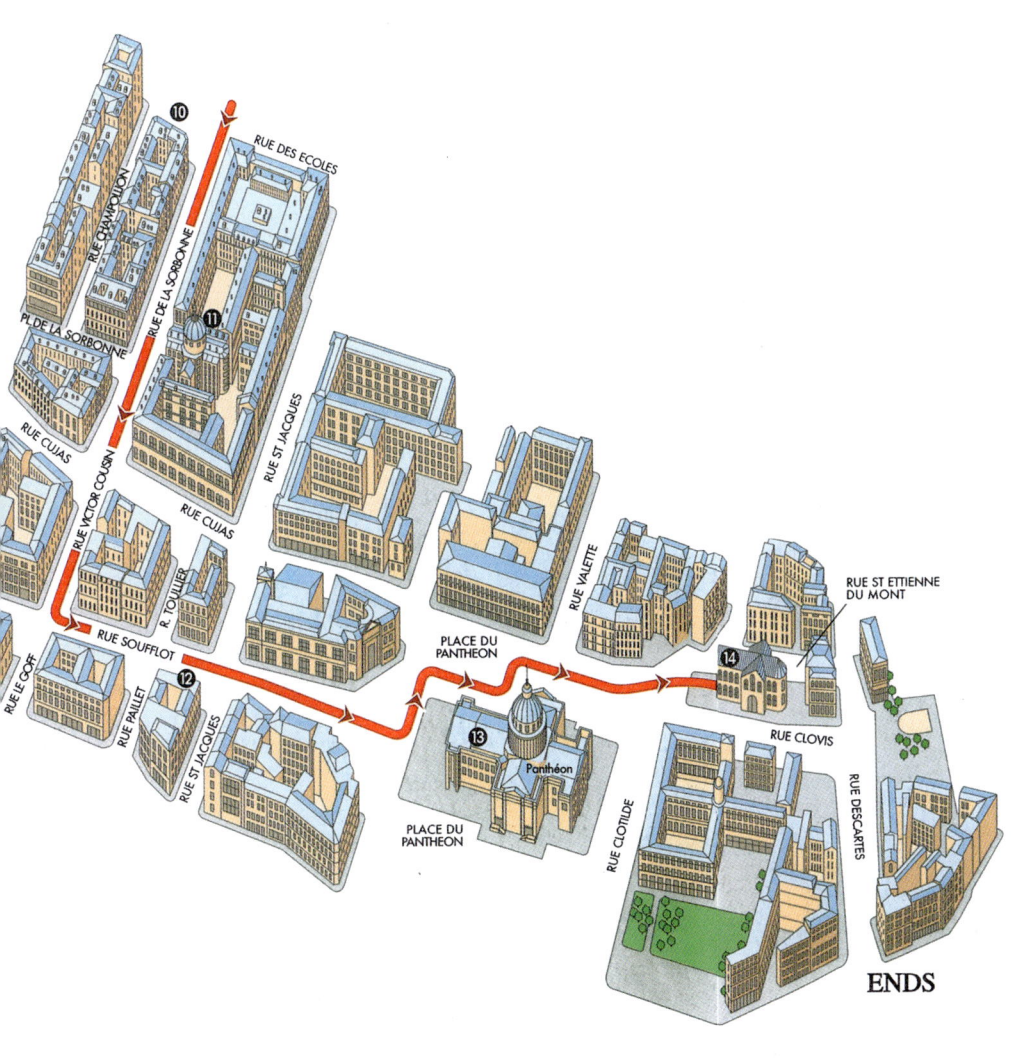

⓬ 팡테옹을 향해 수플로 거리rue Soufflot를 따라 올라가면 중간쯤에 쥘리 에트 카페Café Juliette가 있다. 전화문의: 01-4326-428 원래 레 퐁텐Les Fontaines 레스토랑이었던 이 카페는 웅장한 팡테옹 때문에 다소 평범해 보이지만, 일단 메뉴를 보면 평균 수준을 웃도는 가격에 놀랄 것이다.

❸ 팡테옹이 자리 잡은 생즈네비에브 언덕Montagne Sainte-Geneviève은 로마가 고대 파리를 점령했던 시절의 중심지였다. 신고전주의 양식의 팡테옹은 원래 루이 15세Louis XV, 1710~1774가 파리의 수호성인 생즈네비에브Sainte-Geneviève, 5세기 초~6세기 초에게 봉헌한 성당이었다. 하지만 1789년 재건된 이후부터 오늘날까지 수많은 프랑스 영웅들이 마지막 안식을 찾은 거대한 묘지로 기능하고 있다. 거대한 중앙 홀을 중심으로 설계된 섬뜩할 정도로 음침한 실내는 웅장한 영묘靈廟의 기능을 충실히 수행해 왔다. 사방 벽면에는 소름 끼치는 장면들로 가득하다. 가령, 입구 왼쪽의 잔 다르크가 산 채로 화형당하는 모습이나 생 드니가 놀라서 입을 다물지 못하는 처형자들 앞에서 자신의 잘려나간 머리를 집어드는 모습, 특히 퓌비 드 샤반느Puvis de Chavannes, 1824~1898의 창백하고 투명한 그림들이 팡테옹의 으스스한 분위기에 한몫한다. 중앙 홀 한가운데에는 돔 지붕에 매달린 '푸코의 진자'가 있다. 프랑스 물리학자 레옹 푸코Jean Bernard Léon Foucault, 1819~1868가 지구의 자전을 다시 한 번 증명하기 위해 1851년에 설치한 것이다.

팡테옹은 여러 면에서 항상 비난의 대상이었지만, 막상 실제로 방문해 본 사람들은 그 매력에 푹 빠져들고 만다. 특히 오늘날 돔이 개방되면서 그 인기는 절정에 달했다. 돔에서 내려다보는 현기증 나는 실내 전경이나 외부 열주에서 바라보는 숨 막히게 아름다운 파리 풍경은 절대 놓쳐서는 안 될 경험이다. 금방이라도 귀신이 나올 것 같은 지하묘지는 감방같이 작고 어두운 방으로 가득하며, 방마다 무덤이 들어서 있다. 그중에서 철학자 볼테르와 장 자크 루소, 반反 나치 레지스탕스 조직의 대장이었던 장 물랭, 물리학자 부부 마리 퀴리와 피에르 퀴리, 대문호 빅토르 위고, 에밀 졸라 등이 특히 유명하다.

팡테옹 내부.

팡테옹에서 바라본 생에티엔뒤몽 성당.

각기 다른 시대의 다양한 인물들이 죽어서 한 공간을 나누고 있다는 사실이 흥미로우면서도 아이러니하다. 팡테옹은 매일 개장한다.

⑭ 생에티엔뒤몽 성당Église Saint-Étienne-du-Mont의 매력적인 파사드는 기존의 건축학적 관념을 과감히 파괴했다. 마치 어린아이가 시험 삼아 각기 다른 모양의 건축 소재를 하나하나 쌓아 올려놓은 것 같다. 1541년에 제작된 중앙 제단 후면 칸막이는 파리에 남아 있는 유일한 것이다. 풍성하고 화려하게 조각된 목재 설교단도 아름답다.

클로비 거리rue Clovis 맞은편에 명문 공립 고등학교 리세 앙리 카트르 Lycée Henri IV가 있다. 원래는 클로비 왕Clovis, 약 466~511이 5세기에 건립한 생즈네비에브 대수도원Sainte-Geneviève Abbey이 있었던 곳이다. 18세기 말 프랑스 대혁명 이후 파리의 첫 번째 '리세Lycée, 고등학교 또는 고등교육 기관이란 뜻'가 이곳에 건립되었다. 위대한 철학자이자 작가인 장폴 사르트르Jean-Paul Sartre, 1905~1980도 이 명문 학교에서 학생들을 가르친 바 있다. 오늘날에도 앙리 카트르의 밝고 자부심 강한 학생들이 카르티에라탱을 가득 메운다.

팡테옹은 수많은 프랑스 영웅들이 잠들어 있는 거대한 묘지다

3 _ St Germain-des-Prés to Musée d'Orsay

생 제르맹데프레에서
오르세 미술관까지: 센 강 좌안 풍경

생 제르맹 지구는 6구의 중세 수도원과 성당을 중심으로 한 유서 깊은 생제르맹데프레Saint-Germain-des-Prés와 17세기에 건설된 7구의 포부르 생제르맹Faubourg Saint-Germain 지역을 함께 일컫는다. 생 제르맹데프레에는 야외 시장이 서고, 갤러리와 1950년대 실존주의자들의 유산이 많이 남아 있다. 특히 유서 깊은 카페 드 플로르는 여전히 철학 토론회를 개최한다. 사르트르와 시몬 드 보부아르가 펼쳤던 불꽃 튀는 철학 토론은 쉽사리 재현될 수 있는 게 아니지만, 이전에 비하면 보다 체계가 잡히고 토론자들도 예의가 발라졌다. 세련된 신사 숙녀들이 사치스러운 상점들을 따라 이동한다. 카페 앞에 세워둔 그들의 명품 트렁크는 셰익스피어 앤 컴퍼니의 영어 서적들로 가득하다. 포부르 생제르맹 북쪽에는 아름다운 저택들이 가득한데, 예상 밖의 순간에 등장하는 초록이 무성한 정원이나 섬세한 석조 공예품들로 시각적 즐거움을 맛볼 수 있을 것이다. 생 제르맹 걷기 코스 마지막에는 마치 완주에 대한 보상처럼 프랑스 인상주의의 보물 창고인 오르세 미술관이 기다리고 있다.

▶ **출발지** 생 제르맹 대로
가장 가까운 메트로 역: 오데옹

■ **도착지** 오르세 미술관
가장 가까운 메트로 역: 오르세 미술관

❶ 생 제르맹 대로boulevard St Germain를 건너면 자갈이 깔린 마당 쿠르 뒤 코메르스 생 앙드레cour du Commerce St André가 나온다. 필립 오귀스트 왕Philippe Auguste이 건설했던 중세 시대의 성벽 터로, 18세기에 건설된 이 건물과 마당에서 역사의 한 페이지를 돌아볼 수 있다. 1792년, 슈미트라는 독일 목수의 작업실이 있었던 9번지는 기요탱 박사Dr Louis Guillotin가 자신이 개발한 단두대의 성능을 몇 마리 애꿎은 양으로 실험했던 곳이다. 레지스탕스 혁명가 마라Jean-Paul Marat, 1743~1793는 8번지에서 〈민중의 친구L'Ami du Peuple〉라는 신문을 인쇄하였다. 또한 4번지 창문을 통해 들여다보면 아직도 남아 있는 중세 성벽 타워의 일부를 볼 수 있다.

파리에서 가장 오래된 카페 르 프로코프Le Procope 뒤쪽의 마당 쿠르 뒤 로안cour du Rohan으로 들어가면 그림 같은 마당 3개가 이어진다. 중간 마당에는 말에 올라탈 때 디디던 파드뮐pas-de-mule이 여전히 보존되어 있다. 이곳의 아름다운 르네상스 저택에는 한때 앙리 2세의 정부였던 디안 드 푸아티에*가 살았다.

....
* 디안 드 푸아티에Diane de poitiers, 1499~1566: 프랑스의 귀부인으로 노르망디 법관 루이 드 브레제의 아내였다. 프랑수아 1세 시절부터 궁정 출입을 하였으며, 남편 사후에는 20세 연하인 앙리 2세의 애첩이 되어 상당한 권력을 휘둘렀다. 50대가 되어도 늙지 않는 미모로 오늘날 프랑스 미인의 기준을 제시하였다고 전해진다.

❷ 활기찬 생 앙드레데아르 거리rue St André-des-Arts는 술집과 서점으로 가득하며, 그 앞에는 언제나 오토바이가 줄지어 주차되어 있다. 41번지의 구식 비스트로식당 겸 바 알라르Allard의 바닥에는 옛날 선술집처럼 톱밥이 깔려 있다.전화문의: 01-5800-2342 한때 영화배우 브리지트 바르도Brigitte Bardot, 1934~가 단골로 찾던 곳이다. 그보다 이전에는 시인이자 극작가 장 라신Jean Racine, 1639~1699이 살았다.

부시 거리로 들어가기 전, 랑시엔 코메디 거리rue de l'Ancienne Comédie를 잠시 둘러보자. 이 거리는 17세기에 프랑스 국립 극단 코메디프랑세즈Comédie-Française가 14번지의 낡은 테니스장에서 공연을 펼친 것에서 유래했다. 세련되고 우아한 레스토랑으로 거듭난 13번지의 르 프로코프Le Procope는 파리에서 첫 번째로 문을 연 카페였다.전화문의: 01-4046-7900 당시 몰리에르, 코르네이유Corneille, 볼테르, 발자크

르 프로코프.

프랑스 최고 미술 교육 기관인 국립 미술 학교.

Balzac 등이 단골로 찾았다. 왔던 길을 돌아가면서 작은 골목 마자랭 거리rue Mazarine로 조금 들어서면, 62번지에 런던의 유명한 외식 사업가 콘란Terence Conran의 파리 레스토랑 랄카자르L'Alcazar가 있다. 전화문의: 01-5310-1999 화려한 대리석 바닥을 깐 레스토랑과 위층의 현란한 바는 늘 만원이다.

❸ 부시 거리rue de Buci는 반드시 오전 중에 방문하자. 야외 시장 르 투 생 제르맹le tout St Germain의 음식점들이 점심시간에 문을 닫았다가 오후 4시나 되어야 다시 영업을 시작하기 때문이다. 센 거리rue de Seine의 노점상들은 신선한 과일과 야채, 꽃과 과자를 풍성하게 차려 놓고 관광객들의 발길을 끈다. 월요일과 일요일 오후에는 영업을 하지 않는다. 보헤미안 스타일의 카페 라 팔레트La Palette는 43번지에 있다. 전화문의: 01-4326-6815 실내의 짙은 색깔 목재 벽에는 카페의 이름을 대변하듯 예술가들의 팔레트와 액자가 걸려 있다. 보자르 거리rue de Beaux-Arts가 가까워질수록 갤러리가 점점 더 눈에 띄기 시작한다.

❹ 갤러리가 많은 보자르 거리 13번지에는 오스카 와일드가 몇몇 친구들만 지켜보는 가운데 쓸쓸히 죽음을 맞이한 로텔 L'Hôtel이 있다. 당시에는 '오텔달사스Hôtel d' Alsace'라는 간판을 달고 있었다. 비운의 천재였던 와일드가 출소 후 머물렀던 16번 방은 거의 그대로 보존되어 있다.

낡은 호텔 밖에 오스카 와일드를 기념하는 명판이 있다.

❺ 보나파르트 거리rue Bonaparte 건너편에 프랑스 최고 미술 교육 기관인 국립 미술 학교École Nationale Supérieure des Beaux-Arts가 있다. 일명 '보자르' 양식을 탄생시킨 곳이다. 거대한 학교 건물은 17세기에 '여왕 마고' 마르그리트 드 발루아Marguerite de Valois, 1553~1615가 창설한 수녀원의 일부였으며, 19세기에는 웅장한 에튀드 궁전Palais des Etudes이었다. 잠시 들러 매혹적인 건축학적 유산과 특별 전시회를 감상하도록 하자.

❻ '수도원 거리' 아베이 거리rue de l'Abbaye로 들어서는 순간 대수도원장 궁전Palais Abbatial이 시선을 사로잡을 것이다. 1586년, 생제르맹 대수도원의 대수도원장 샤를 드 부르봉Charles de Bourbon, 1523~1590이 수주한 것이다. 그는 후에 샤를 5세로 왕위에 잠시 오르기도 했다. 분홍빛이 감도는 붉은 벽돌과 파리 지역 석재를 조합한 아방가르드 양식의 궁전은 16세기 당시 가장 아름답고 화려한 건물 중 하나였다.

....
*보자르 양식: 19세기 파리에서 유행한 신고전주의 양식으로, 순수하고 강직한 고대 그리스 미술을 규범으로 삼았다.

❼ 조그마한 퓌르스텐부르크 광장place de Fürstenburg으로 들어가면 아담한 들라크루아 박물관Musée Delacroix이 있다. 19세기 위대한 낭만주의 화가 외젠 들라크루아Eugène Delacroix, 1798~1863가 거주하며 작업을 하다 마지막 숨을 거두었던 건물을 박물관으로 복원한 것이다. 매력적이지만 변덕스러웠던 한 예술가의 생애가 수많은 그림과 사진, 서신 등

들라크루아 박물관.

의 유물을 통해 생생하게 드러난다. 정기 휴일은 매주 화요일이다. 이 고요한 공간을 떠나기 전에 뒤를 돌아보면 철창 사이로 대수도원의 푸른 정원이 그 모습을 살짝 드러낸다.

❽ 야콥 거리rue Jacob를 따라가다 생 베누아 거리rue St Benoit로 좌회전한다. 이 지역은 여느 골목길처럼 낮에는 고요하고 평화롭던 분위기가 해가 지면 돌변한다. 비록 1940~1950년대 전성기 때만큼은 아니어도, 수많은 레스토랑이 밤에는 재즈 클럽으로 조명을 밝히고 온 골목을 재즈 음악으로 물들인다. 특히 13번지 클럽 생 제르맹Club St Germain은 한

클럽 생 제르맹의 외부 표지판.

때 듀크 엘링턴Duke Ellington, 1965~1966, 찰리 파커Charlie Parker, 1920~1955, 마일즈 데이비스Miles Davis, 1926~1991 같은 재즈 거장들이 연주했던 곳이다. 한편, 1901년에 문을 연 4번지 프티 생 베누아Petit St Benoit 레스토랑은 낡은 구식 타일 바닥과 벽면의 긴 의자, 든든하고 맛있는 음식으로 사람들의 마음을 끄는 매력적인 공간이다.전화문의: 01-4260-2792 매주 일요일은 정기 휴일이다.

❾ 들라크루아 정원을 나오면서 잠깐 돌아보았던 생제르맹데프레 수도원 성당Église et abbaye Saint-Germain des Prés의 뒤뜰 정원에서 한숨 돌리자. 수많은 나무와 관목, 새들의 노래로 가득한 정원은 피카소의 조각품 〈폴리네르에게 바치는 경의Homage to Apollinaire〉를 품고 있다. 피카소가 친구이자 인근 카페 드 플로르의 단골손님이었던 시인 기욤 아폴리네르에게 헌사한 것이다.

생제르맹데프레 수도원 성당(좌)과 생제르맹데프레 정원의 조각상(우).

생제르맹데프레 수도원 성당은 파리에서 가장 오래된 것으로 그 기원이 542년도까지 거슬러 올라간다. 초원으로 둘러싸인 거대한 부지 한가운데에 수도원을 처음 건설한 것은 실데베르 1세Childebert I, 약 496~558였다. 수도원은 노르만 족의 침략으로 끊임없이 파괴되었지만, 11세기에 재건되었다. 프랑스 대혁명 중에도 파괴되었지만 19세기에 또 다시 재건되었다. 그 결과 수도원은 건축학적 통일성보다는 여러 시대의 다양한 양식이 독특하게 조화를 이룬 문화유산이 되었다. 위대한 프랑스 철학자 데카르트René Descartes, 1596~1650와 17세기에 생제르맹데프레 대수도원장이었던 폴란드 왕 카지미르John II Casimir, 1609~1672가 이곳에 잠들어 있다.

❿ 생제르맹 지구의 유명한 화살 모양의 대동맥, 생 제르맹 대로boulevard St Germain는 바롱 오스만의 도시 계획 중 일부였다. 센 강 좌안의 이 대로를 만들기 위해 수많은 유서 깊은 거리와 아름다운 건물들을 쓸어버렸지만, 생 제르맹 대로는 곧 그 나름의 매력을 발산하기 시작했다. 그중 172번지의 카페 드 플로르Café de Flore와 170번지의 레 되 마고Les Deux Magots는 지난 수십 년간 각각 파리 지성인들의 최고의 보금자리

카페 드 플로르(좌)와 카페 레 되 마고(우) 전경.

를 자처하며 경쟁해왔다. 레 되 마고는 비록 대문호 헤밍웨이가 즐겨 찾던 곳이었지만, 오늘날 관광객들조차 카페 드 플로르를 더 선호할 정도로 2위 자리를 벗어나지 못하고 있다. '되 마고'라는 이름은 기둥 위에 높이 세워진 2개의 도자기 인형에서 유래한 것이다.

한편, 카페 드 플로르는 화려한 마호가니 벽면에 거울이 둘러싼 근사한 실내 인테리어를 자랑한다. 사르트르와 시몬 드 보부아르의 유령이 여전히 강력한 자석처럼 지식인들을 끌어들이고 있다. 물론 오늘날의 고객층은 위스망스Joris Karl Huysmans, 트로츠키Leon Trotsky, 알베르 카뮈Albert Carmus가 단골 고객이던 시절에 비하면 주머니가 꽤 두둑한 편이다.

생 제르맹의 또 다른 명물은 151번지에 살아남은 알자스풍의 레스토랑 브라스리 리프Brasserie Lipp다. 아르누보 양식의 타일 실내 장식이 아름다운 이곳 역시 유명 인사들이 즐겨 찾았던 곳이다. 오늘날 생제르맹 지구는 급격한 변화에 몸부림치고 있다. 이곳 주민들은 24시간 영업하던 149번지 약국·잡화상이 사라지고 엠프리오 아르마니 카페 Emporio armani Caffé가 들어선 것이 여전히 불만이다. 보헤미안 가치가 현대 패션 산업에 밀리고 있는 현실이 못마땅한 것이다.

❶ 점점 더 주택가로 돌변하는 생 제르맹 대로를 벗어나 조그만 생 토마스 아퀴나스 광장place St Thomas d'Aquin에 있는 생토마스아퀴나스 성당 Église Saint-Thomas-d'Aquin을 방문한다. 17세기 성당이 완성되었을 당시 주변 거리는 생제르맹 수도원 건물로 뒤덮여 있었다. 가로 세로 길이가 같은 그리스 십자가 형태의 이 성당도 건축가 피에르 불레Pierre Bullet가 도미니칸 수도사들을 위해 설계한 것이다. 성당의 출입구가 있는 생 도미니크 거리rue St Dominique는 아름다운 가로수 길을 통해 뤼네 저택Hôtel de Luynes으로 이어진다.

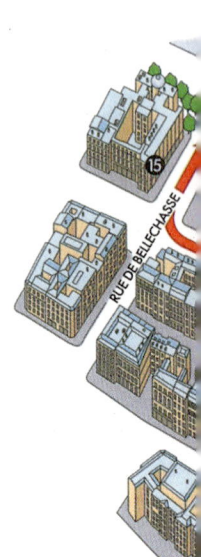

❷ 바크 거리rue de Bac 46번지에 매우 독특한 상점이 하나 있다. 바로 170년의 전통과 역사를 자랑하는 박제상 드이롤Deyrolle이다. 황소에서 벌새까지 온갖 종료의 박제된 동물을 전시·판매하는 '죽은 동물원'이다. 특히 아이들은 양과 염소, 조랑말, 들쥐와 병아리 사이에서 몇 시간이고 황홀경에 빠질 것이다.

❸ 유서 깊은 포부르 생제르맹Faubourg Saint-Germain 지구의 중심인 '대학로' 뤼니베르지테 거리rue de l'Université와 강 사이에는 골동품상과 미술상으로 가득한 좁은 골목길이 그물처럼 얽혀 있다. 오늘날은 30여 개의 상점들이 '르 카레 드 리브 고슈Le Carré de Rive Gauche' 조합을 이루고, 파랑색과 흰색의 표지판을 내걸고 있다. 일부 전문 상점들은 세상에 둘도 없는 진귀하고 아름다운 벽걸이 융단과 카펫, 도자기, 고서적 등을 판매한다. 일반 상점들은 돌로 조각한 스핑크스에서 은수저까지 온갖 잡동사니 골동품을 취급한다. 거리와 상점들을 천천히 둘러보면서 아이쇼핑을 즐겨 보자. 구석구석 숨어 있는 꽃으로 만발한 작은 마당과 정원들도 놓치지 말자. 특히 생프레 거리rue des Saints-Pères 16번지에 있는 자갈 마당 쿠르 데 생프레cour des Saints-Pères가 운치 있다.

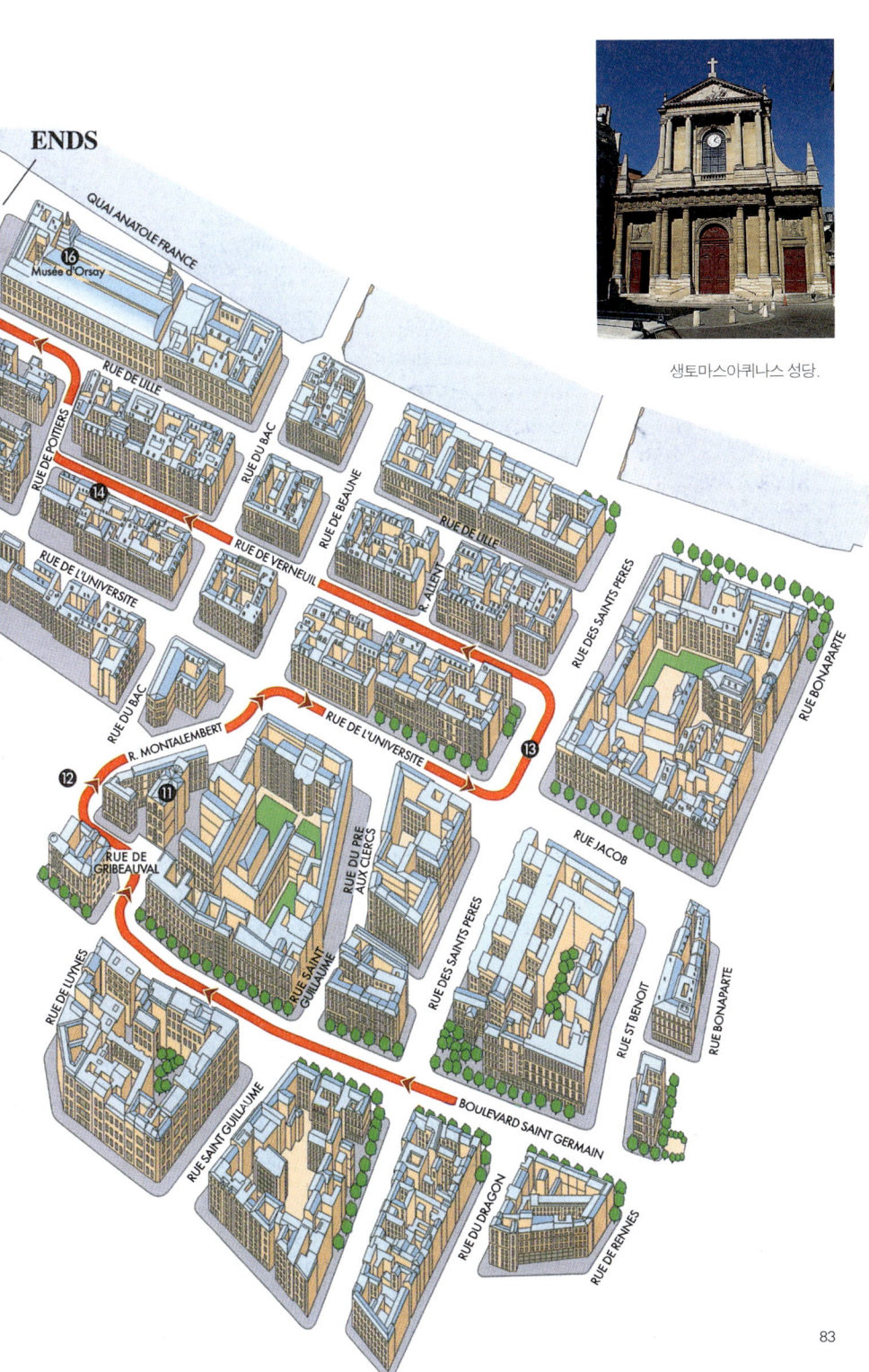

생토마스아퀴나스 성당.

⓮ 베르뇌이 거리rue de Verneuil 53번지 다베진 저택Hôtel d'Avejean이 있던 자리에 지금은 국립도서센터CNL, Centre national du Livre가 있다. 프랑스 출판 산업을 지원하는 기구로 나른한 이 거리에서 가장 멋진 건물이다.

⓯ 릴 거리rue de Lille에 있는 안토니 보르델Antoine Bordelle의 거대한 청동 조각상 2점을 지나면, 레종 도뇌르 박물관Musée national de la Légion d'Honneur이 있다. '레종 도뇌르'는 프랑스 군대의 최고 명예 훈장을 뜻한다. 이 박물관은 각종 메달과 훈장, 상패, 그리고 나폴레옹의 초상화와 메달, 검, 흉갑 등을 전시한다. 건축가 피에르 루소Pierre Rousseau가 1782년에 설계한 대저택 살름 저택Hôtel de Salm에 자리하고 있다. 이 건물은 19세기 프랑스 문학에 지대한 영향을 끼쳤던 작가 마담 드 스탈Madame de Staël, 1766~1817이 정치 모임을 개최하던 곳이다.

⓰ 1986년에 개장한 오르세 미술관Musée d'Orsay은 1939년까지 프랑스의 남서쪽 지방으로 열차를 운행하던 거대한 종착역이었다. 건축가 빅토르 랄루Victor Laloux, 1850~1937와 에밀 베나르Emil Benard, 루시엥 마뉴Lucien Magne는 이 칙칙한 역사를 아름다운 미술관으로 탈바꿈시키는 데 대성공했다. 고전적인 루브르 박물관118쪽 참고과 현대적인 퐁피두 센터190쪽 참고의 간극을 메우기 위해 오르세 미술관은 주로 1848~1915년 사이의 프랑스 예술품을 전시한다. 특히 죄 드 폼 국립 미술관Galerie nationale du Jeu de Paume에 빼곡히 전시되었던 수많은 인상주의 작품을 그대로 물려받았다. 인상주의 전시관은 미술관 맨 꼭대기 층인 3층에 널찍한 공간을 따로 차지하고 있다. 오르세 미술관의 정수라 할 수 있으니 시간적 여유가 없을 경우 곧장 꼭대기 층으로 향할 것을 추천한다. 미술관 맨 꼭대기 인상주의 전시관을 떠나기 전, 과거 기차역의 흔적을 볼 수 있는 거대한 시계탑과 그 뒤의 카페를 잊

웅장한 오르세 미술관의 내부.

지 말자. 커피 한잔의 여유를 즐기며, 시계 바늘 사이로 근사한 파리 풍경을 감상할 수 있다.

오르세 미술관의 전시 품목은 회화나 조각뿐 아니라 가구와 장식 소품, 건축물과 초창기 영화 작품까지 매우 다양하다. 그중에서도 우리에게 잘 알려진 명작들은 로댕의 조각품 〈지옥의 문〉, 마네의 〈풀밭 위의 점심〉과 〈올림피아〉, 고흐의 〈별이 빛나는 밤〉과 수많은 자화상, 르누아르의 〈갈레트 풍차의 무도회〉, 쿠르베의 〈세계의 기원〉 등이다. 그밖에도 교과서나 미술 서적에서 한 번쯤 보았을 법한 대작들이 가득하다. 매주 월요일은 정기 휴일이며, 오전 9시 30분부터 저녁 6시까지, 목요일은 저녁 9시 45분까지 개방한다. 입장료는 18세 미만은 무료이며 일반 성인 요금은 12유로다. 파리 뮤지엄 패스 소지자는 무료다. 같은 날 로댕 박물관을 함께 방문할 경우 오르세로댕 패스 Musée d'Orsay - Musée Rodin Passport, 18유로를 구입하면 저렴하다. 보다 자세한 정보는 오르세 미술관 홈페이지www.musee-orsay.fr/en를 참고하자.

4 _ St Germain and Luxembourg

생 제르맹과 뤽상부르:
화려한 세련미를 갖춘 곳

파리의 고상한 지식 계급과 문학도들은 고집스럽게 센 강의 좌안을 지켜왔다. 하지만 최근 화려한 사교계 인사들이 그들과 합류하면서 이 고상한 지구도 급격한 변화를 겪고 있다. 가령, 화려한 사교계는 생 제르맹 대로와 뤽상부르 정원 사이 공간을 패션과 스타일의 천국으로 탈바꿈시켰다. 이곳의 상점들과 그곳에서 쇼핑하는 사람들은 파리 패션과 유행의 축소판이라 할 수 있다. 그들에게선 최고의 멋과 아름다움, 은근한 부의 향기가 저절로 스며 나온다. 최근 디오르, 아르마니, 카르티에 같은 명품 매장들도 모두 센 강 좌안으로 옮겨왔다. 그러나 쇼핑 애호가들이 보다 즐겨 찾는 곳은 세상에 단 하나밖에 없는 독특하고 창의적인 개인 부티크다. 열광적으로 쇼핑에 탐닉하든, 그저 아이쇼핑만 하든 아름답고 흥미로운 거리를 걷는 것만으로 즐겁다. 어딜 가든 눈부시게 아름답고 세련된 의상에서 도저히 입을 수 없을 것 같은 독특한 의상까지 눈을 즐겁게 한다. 또한 이 거리에는 구두와 핸드백에 대한 파리 여성들의 '열광과 집착'을 짐작할 수 있을 만큼 엄청난 수의 구두·가방 전문점이 있다. 약 24만 제곱미터에 달하는 뤽상부르 정원에 다다르면 노골적인 화려함과 우아함이 결합된 생 제르맹의 독특한 분위기는 절정에 다다른다. 나무 아래 카페에 둘러앉은 화려하고 세련된 신사 숙녀를 보고 있노라면 마치 르누아르의 그림 속 풍경이 살아 움직이는 것 같은 착각이 들 정도다.

▶ **출발지** 생 제르맹 대로와 라스파이 대로 교차로

가장 가까운 메트로 역: 바크 거리

■ **도착지** 생쉴피스 광장

가장 가까운 메트로 역: 생쉴피스

❶ 생 제르맹 대로boulevard St Germain를 따라가다가 뤼네 거리rue de Luynes에서 우회전하여 뤼네 광장square de Luynes을 지나간다. 라스파이 대로boulevard Raspail를 건너 우회전하여 한산한 그르넬 거리rue de Grenelle로 접어들면, 51번지에 파리 최고의 치즈 가게 중 하나인 바르텔레미Barthélémy가 있다. 전화문의: 01-4222-8224 낡고 우아한 상점 안은 손님이 3명만 들어가도 비좁을 정도로 작다. 흰색 가운을 입은 숙녀들이 치즈를 조심스럽게 잘라내며, 주인 롤랑 바르텔레미도 직접 치즈 선반 중앙에 자리 잡고 손님들의 치즈 선택을 돕는다. 치즈를 고르면 냄새가 새어나오지 않는 특수 비닐로 포장해 준다.

치즈 가게 옆에는 조각가 아리스티드 마이욜Aristide Maillol, 1861~1944의 조각품을 전시하는 마이욜 박물관Musée Maillol이 있다. 석조 벽과 대리석 바닥으로 장식한 건물은 상쾌할 정도로 시원하고 조용하다. 마이욜의 모델이자 수집가였던 디나 비에르니Dina Vierny가 기증한 작품들이 주를 이루며, 기획전도 수시로 열린다. 매일 오전 10시 30분부터 오후 6시까지 개장하며, 정기 휴일은 매주 화요일이다.

마이욜 박물관.

❷ 왔던 길을 되돌아 나가 라스파이 대로를 건넌 다음 그르넬 거리rue de Grenelle를 계속 나아간다. 이 거리는 파리에서 가장 고상하고 세련된 쇼핑가다. 프라다, 요지 야마모토, 미우미우, 크리스챤 루부탱 매장을 지나면 36번지에 파리에서 가장 오래된 레스토랑인 라 프티트 케즈La Petite Chaise가 있다. 전화문의: 01-4222-1335 1680년에 처음 문을 연 라 프티트 케즈 입구는 분위기 있는 프레스코 벽화로 가득하다. 식당은 늘 만원이며 주인과 종업원들도 친절하기 그지없다.

❸ 화려한 쇼핑가의 심장이라 할 수 있는 크루아 루주 교차로 광장Carrefour de la Croix Rouge은 밤나무가 우아하게 둘러싸고 있으며, 나뭇가지를 들고 있는 근사한 철제 켄타우루스 상이 눈에 띈다. 여기까지 오는 데 수많은 쇼핑백과 씨름했다면 '붉은 십자가'란 뜻을 가진 카페 드 라 크루아 루주Cafe de la Croix Rouge의 유혹을 거부하지 못할 것이다.

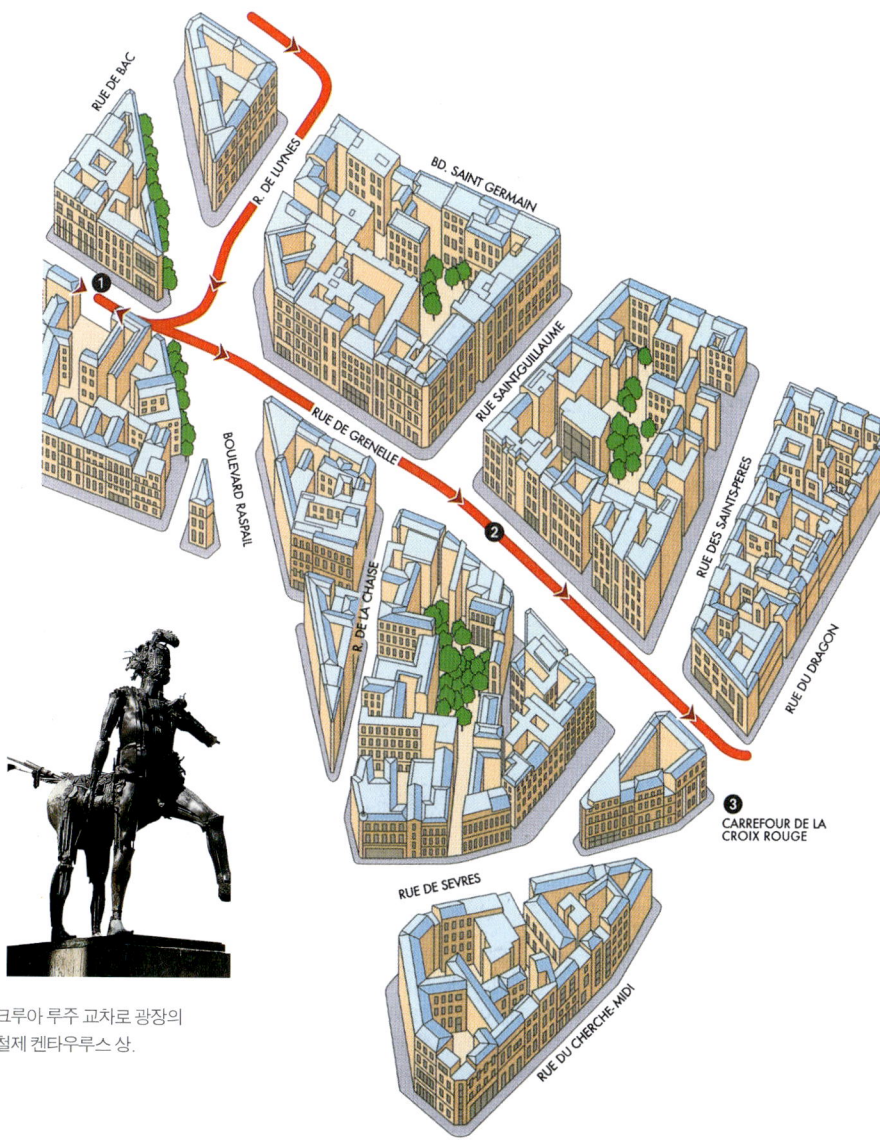

크루아 루주 교차로 광장의 철제 켄타우루스 상.

❹ 17세기와 18세기 건물이 줄지어 선 드라공 거리 rue du Dragon가 나오면 좌회전하여 자갈을 깐 베르나르팔리시 거리rue Bernard-Palissy를 잠시 둘러보자. 16세기 도자기 공예가 베르나르 팔리시 Bernard Palissy, 1510~1589가 살았던 시대와 거의 달라진 게 없는 모습이다. 이곳 7번지에 1941년에 설립된 출판사 레 에디숑 뮈니Les Éditions de Minuit

베르나르팔리시 거리.

가 있다. 아일랜드 출신 작가인 사뮈엘 베케트Samuel Beckett, 1906-1989를 비롯하여, 1950년대의 이른바 '신소설' 누보로망nouveau roman 작품들을 집중적으로 출판했다.

❺ 다시 드라공 거리로 돌아와 쇼핑가가 이어지는 셰르셰미디 거리rue du Cherche-Midi로 계속 나아간다. 개성 넘치는 소규모 레스토랑과 상점들이 빽빽이 들어선 곳이다. 그중에서도 8번지에 있는 파리에서 가장 유명한 빵집 푸알란Poilâne을 놓치지 말자. 이곳은 어디서나 흔한 바게트가 아니라 둥글둥글한 푸알란 빵pain de poilâne을 판매한다. 전화문의: 01-4548-4259 발효시킨 반죽이 맛의 비결이다. 월요일부터 토요일 아침 7시 15분부터 저녁 8시 15분까지 문을 연다. 가게 앞에는 언제나 긴 줄이 늘어서 있지만 기다린 보람이 있다. 그르넬 거리boulevard de Grenelle 49번지에도 매장이 있는데, 이곳은 화요일부터 일요일까지 영업하니 참고하자. 그 외에도 서너 개의 매장이 더 있으며, 런던에까지 분점을 차렸다. 일요일에는 라스파이 대로boulevard Raspail 근처의 유기농 시장 마르셰 비오로지크Marché Biologique에서 빵에 곁들여 먹을 신선한 과일과 야채를 구입할 수 있다.100쪽 참고

푸알란.

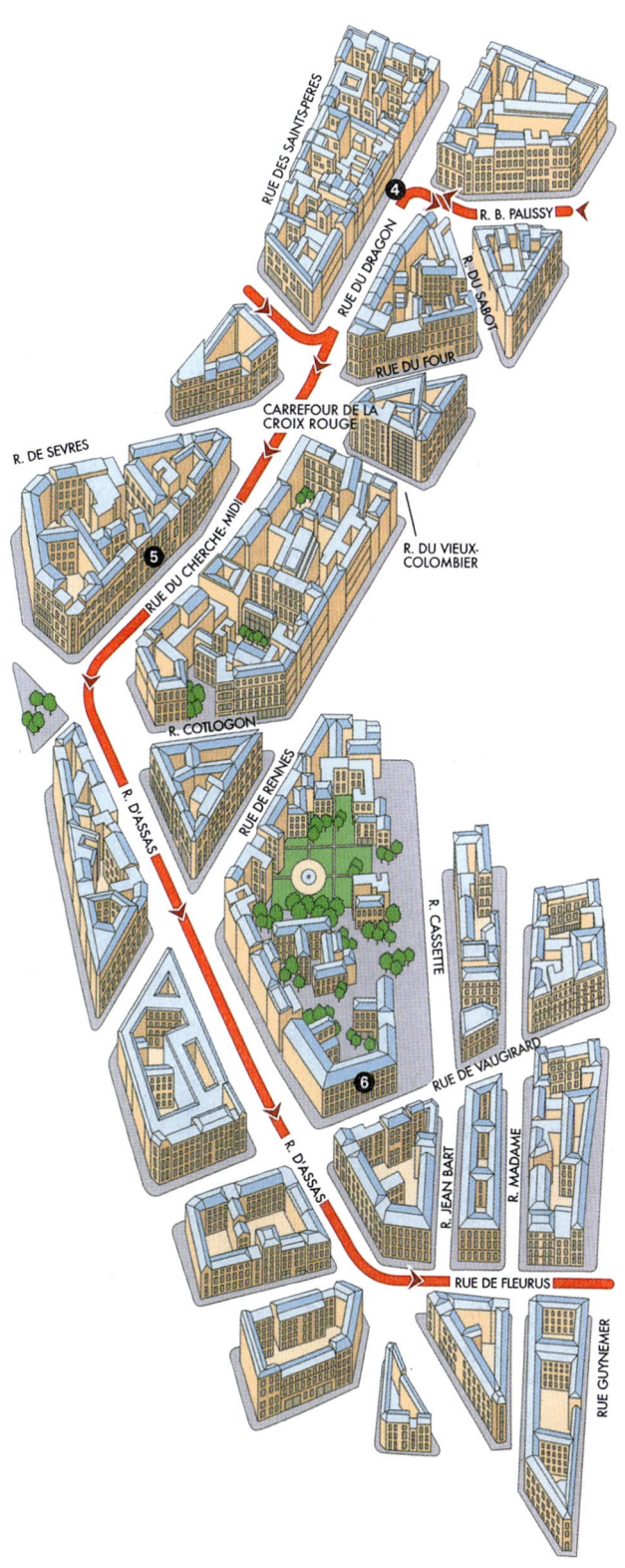

❻ 다사 거리rue d'Assas를 따라가면 1875년에 창립된 유서 깊은 명문 사립대 앵스티튀 가톨리크 드 파리Institut Catholique de Paris와 수풀이 무성한 정원이 보인다. 보기라르 거리rue de Vaugirard의 한쪽 구석에 아담하고 우아한 생요셉 데 카르메 예배당Chapelle Saint-Joseph des Carmes이 있다. 가톨릭 사립대학의 일부인 예배당은 한때 카르멜 수도회의 수도원이 있던 곳으로, 거대한 정원과 수많은 보물을 간직했던 곳이다. 프랑스 대혁명 중에는 감옥으로 이용되었으며, 1792년에 115명의 신부와 3명의 주교가 학살된 현장이기도 하다. 정원의 거대한 무덤에서 발굴된 유골 잔해는 예배당 지하묘지에 전시되어 있다.

예배당 반대편 다사 거리 30번지는 물리학자 푸코가 살았던 집이다. 이곳에서 푸코는 진자를 이용해 지구 자전을 증명하기 위한 유명한 실험을 했다.68쪽 팡테옹 참고 미국 출신 작가 거트루드 스타인Gertrude Stein, 1874~1946이 1903~1937년까지 살았던 집은 플뢰루 거리rue de Fleurus 27번지 1층에 있다. 이 거리 모퉁이의 제과점 크리스티앙 콩스탕Christian Constant은 거트루드 스타인이 헤밍웨이와 처음 만난 곳이다. 이곳에서 맛있는 타르트 파이와 샐러드, 케이크를 사 두면 걷기가 끝나는 뤽상부르 정원에서 소풍을 즐길 수 있을 것이다.

명문 사립대 앵스티튀 가톨리크 드 파리(좌)와 생요셉 데 카르메 예배당(우).

뤽상부르 궁전(위). 자연 경관이 아름다운 뤽상부르 정원에서 일광욕을 즐기는 파리 시민들(아래).

메디치 분수.

❼ 뤽상부르 정원Jardin du Luxembourg은 즐거움과 경이로움 그 자체다. 한때 고전적 우아함과 부질없는 쾌락의 장이었던 정원은 오늘날 연인들과 가족에게 사랑받는 공원이 되었다. 공원에는 낭만적인 메디치 분수Fontaine de Médicis의 그늘 아래서 휴식을 취하거나, 밤나무 아래 노천카페에서 여유를 즐기는 사람으로 가득하다. 세일러복을 입은 아이들이 놀이터 그랑 바생grand bassin에서 모형 보트를 가지고 노는 동안 어른들은 일광욕을 즐기거나 라일락 나무 아래서 체스 게임을 둘 수도 있다. 또한 당나귀를 타거나 인형극을 감상해도 좋다. 날씨만 좋으면 이 넓고 푸른 공원에서 무엇을 하든 즐겁다. 정원에는 수많은 조각상과 꽃밭, 산책길, 놀이터, 테니스장, 야외 체스판, 심지어 양봉 학교도 있다.

뤽상부르 정원은 오늘날 프랑스 상원이 자리한 뤽상부르 궁전Palais du Luxembourg의 한 부분이다. 앙리 4세Henry IV의 미망인 마리 드 메디치Marie de Médicis, 1575~1642가 자신의 고향 이탈리아 피렌체를 본 떠 건설한 것으로, 궁전과 정원은 여전히 프랑스 헌병대 '장다름gendarmes'이

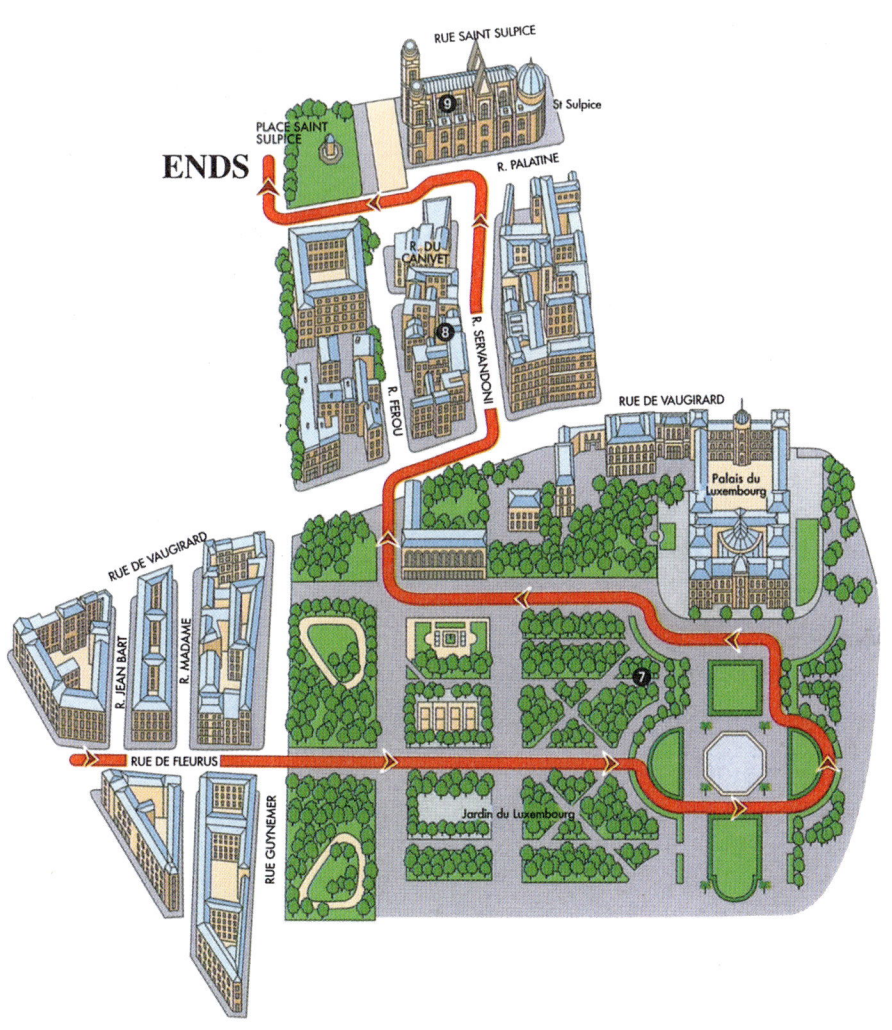

지키고 있다. 이들은 부랑자를 내쫓거나 나뭇가지를 줍는 일도 한다고 한다. 주말이면 숨을 몰아쉬며 조깅하는 사람들과 태극권을 연습하는 사람들이 날씨에 상관없이 정원을 가득 메운다.

❽ 세르반도니 거리rue Servandoni는 생쉴피스 광장place Saint-Sulpice과 생쉴피스 성당Église Saint-Sulpice으로 이어지는 우아한 거리다. 특히 독특한 구식 가로등이 불을 밝히는 밤거리가 아름답다. 14번지의 거대한 정문은 조각으로 장식되어 있는데, 오른쪽 커다란 원형 메달을 보면 '피렌체 사람 조반니 세르반도니Giovanni Servandoni, 1695~1766'

세르반도니 거리 14번지의 문 장식.

라고 새겨져 있다. 그가 바로 생쉴피스 성당을 설계한 책임 건축가다.

❾ 좁고 미로 같은 길 사이에 어렴풋이 나타나는 생쉴피스 성당Église Saint-Sulpice은 꽤 인상적인 풍경이다. 이 거대한 성당은 눈에 거슬릴 정도로 비대칭적인 탑이 특색이다. '사공이 많으면 배가 산으로 간다' 했던가. 이 탑 역시 너무 많은 건축가가 이리저리 설계에 참견한 결과, 고전적 양식으로 조화롭게 마무리될 수 있었던 파사드의 아름다움이 반감되고 말았다. 성당 안 오른쪽 첫 번째 예배당에는 들라크루아의 벽화가 있다. 트랜셉트십자형 교회당에서 본당과 부속 건물을 연결하여 주는 공간 바닥을 따라 그어진 청동 자오선도 잊지 말고 찾아보자.

성당을 나와 생쉴피스 광장place Saint-Sulpice에 서면 1844년에 제작된 웅장한 '네 주교의 분수', 퐁텐 데 카트레즈 에베크Fontaine des Quatres Evêques에 감탄하게 될 것이다. 그 앞 카페 드 라 메리Café de la Mairie는 학생들과 작가들이 즐겨 찾는 장소다. 웅장한 성당을 배경으로 지나가는 사람들을 구경하기에 안성맞춤이며, 이브 생 로랑Yves St Laurent과 크리스티앙 라크루아Christian Lacroix 매장도 가까이 있어 쇼핑도 즐길 수 있다.

생쉴피스 광장의 상징과도 같은 '네 주교의 분수'와 성당의 외관과 내부 모습.

5 _ To Les Invalides

앵발리드를 향해:
비밀 정원과 대저택의 거리

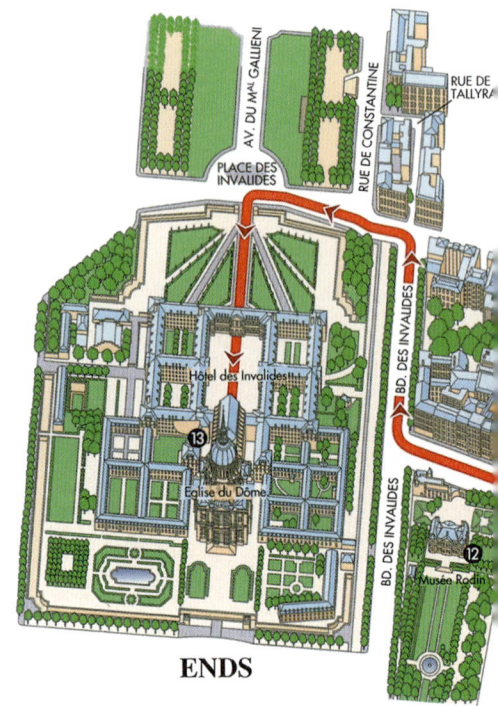

세련된 생 제르맹 지구에서 점차 멀어지면서 센 강 좌안을 따라 가는 이번 코스는 파리에서 '반드시' 보아야만 하는 로댕 박물관과 거대한 앵발리드 복합 지구를 방문한다. 앵발리드는 태양왕 루이 14세의 명령 아래 건축가 리베랄 브뤼앙Libéral Bruantca, 1635~1697이 군 병원으로 설계한 것이다. 앵발리드로 향해 가는 도중에는 잘 알려지지 않은 여러 정원과 거대한 저택들, 두 성인의 아름다운 예배당을 둘러보게 될 것이다.

앵발리드.

▶ **출발지** 스브레 거리와 바빌론 거리의 교차로
가장 가까운 메트로 역: 스브레바빌론

■ **도착지** 투르빌 거리
가장 가까운 메트로 역: 에콜 밀리테르,
생 프랑수아 자비에, 바렌

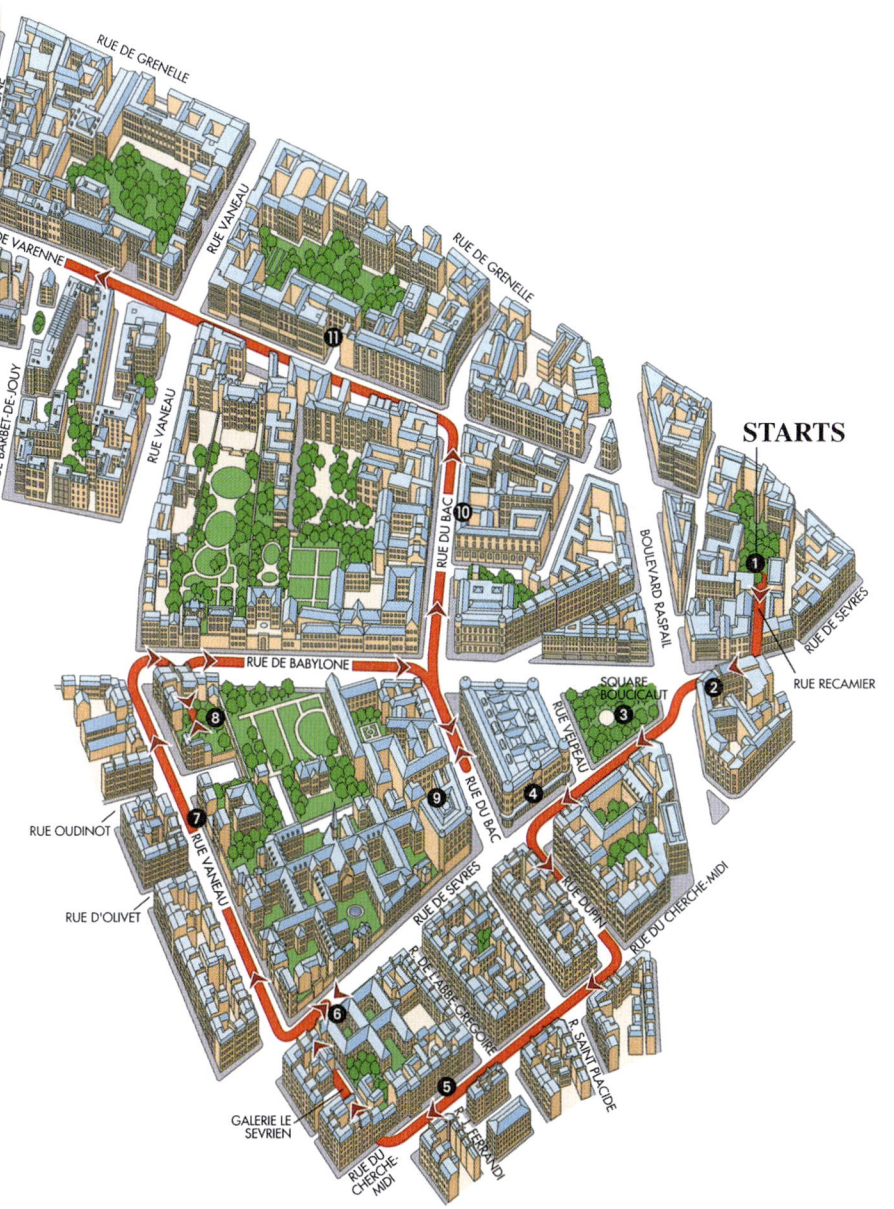

❶ 우선 탁 트인 열린 공간에서 걷기를 시작하자. 레카미에 광장square Récamier은 레카미에 거리rue Récamier 깊숙이 자리 잡은 잘 알려지지 않은 공원이다. 지성과 미모를 겸비했던 19세기 사교계의 여왕 마담 줄리 레카미에Madame Julie Récamier, 1777~1849의 이름을 딴 것이다. 레카미에가 근교의 케즈 거리rue de la Chaise에서 주최하던 문학 모임 및 사교 파티는 작가들과 예술가들에게 언제나 인기였다. 낭만주의 작가 프랑수아르네 샤토브리앙François-René Chateaubriand, 1768~1848은 매일 그녀를 찾아가 헌신했으며, 발자크와 위고도 그녀와 함께 문학의 즐거움을 나누었다. 4번지 르 레카미에Le Récamier는 그늘진 야외 테라스와 기품 있는 실내 장식에 전통 프랑스 요리와 훌륭한 부르고뉴 와인을 갖춘 우아한 레스토랑이다. 전화문의: 01-4548-8658

❷ 해가 지고 칵테일 한잔이 생각난다면, 지식인들이 즐겨 찾는 최고급 호텔 루테티아Lutétia로 향한다. 마호가니 목재로 장식한 세련된 호텔 바는 누구나 한 번 앉았다 하면 일어서지 못하는 아늑하고 멋진 공간이다. 제2차 세계대전이 발발하면서 루테티아 호텔은 수많은 망명 예술가들과 정치인들의 보금자리 역할을 하기도 했다. 파리가 나치에게 점령당했을 때는 게슈타포나치스의 비밀경찰의 사령지로 쓰였으며, 1944년 파리가 다시 해방되었을 때는 강제노동수용소에서 풀려난 부역꾼과 정치범들, 전쟁 난민들이 본국에 귀환할 때까지 잠자리를 제공하였다. 매주 일요일 아침이면 라스파이 대로boulevard Raspail의 한가운데서 르네 거리rue de Rennes까지 유기농 식품 시장인 마르셰 비오로지크Marché Biologique가 선다. 달콤한 복숭아와 치즈, 즉석에서 요리해서 파는 감

호텔 루테티아.

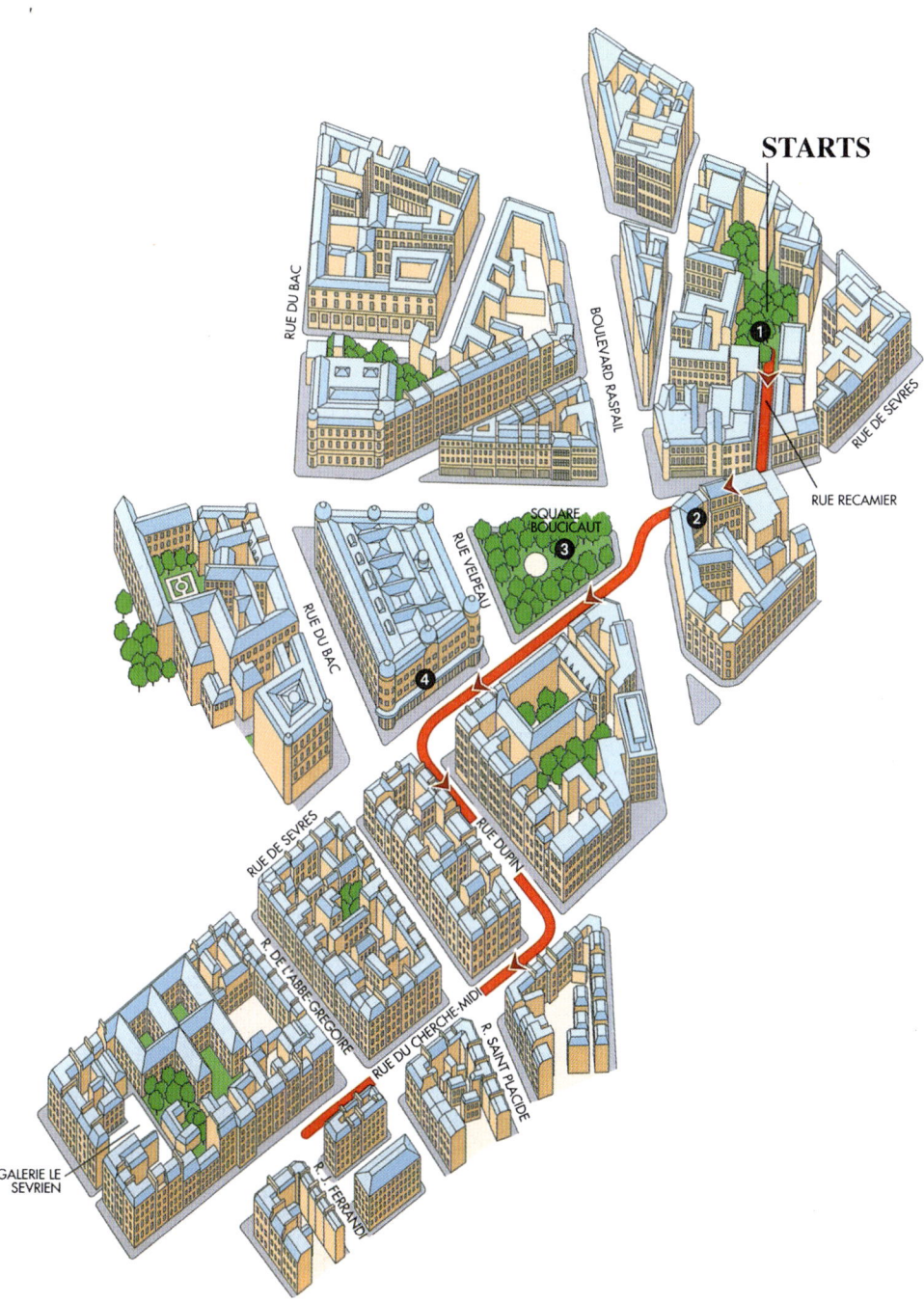

자 갈레트팬케이크류의 구수한 향기가 시장을 가득 메운다. 이곳은 파리에서 유일하게 인근 지방 농부들이 농산품을 직거래하는 시장이다. 그렇다고 하더라도 '지방 물가'를 기대하지는 말자. 일요일에 카트린 라부레 정원Jardin Catherine Labouré이나 로댕 박물관110쪽 참고을 방문할 예정이라면 이곳에서 점심 도시락을 챙기는 것도 잊지 말자.

❸ 부시코 광장square Boucicaut의 공원은 잠시나마 인근의 혼잡한 교통과 인파를 벗어나 휴식을 취할 수 있는 공간이다. 이 광장은 그 이름에서 알 수 있듯이, 19세기 조그만 양말 가게였던 르 봉 마르셰Le Bon Marché를 센 강 좌안의 유일무이한 백화점으로 성공시킨 아리스티드 부시코Aristide Boucicaut, 1810~1877를 기념하고 있다.

❹ 르 봉 마르셰Le Bon Marché는 구스타브 에펠Gustave Eiffel, 1832~1923이 설계한 두 채의 철제 건물로 이루어진 거대한 백화점이다. 그 명칭은 '좋은 시장' 또는 '좋은 거래'를 뜻하는데, 19세기에 작은 상점으로 시작했을 때와 비교하면 예전만큼 '좋은' 곳은 아니다. 백화점의 정의에 따라 의견이 분분하긴 하지만, 혹자는 르 봉 마르셰를 세계 최초의 '백화점'이라고 한다. 세브르 거리rue de Svéres 24번지 르 봉 마르셰 본점은 중앙에 지그재그로 교차하는 에스컬레이터가 설치되어 있고 의류, 가전 제품, 소품 등을 둘러볼 수 있는 고급스럽고 세련된 분위기를 자랑한다. 반면 38번지 별관 라 그랑 에피세리La Grande Epicérie는 이탈리아, 영국, 인도, 아시아 등 전 세계의 다양한 식품을 판매하는 대형 식료품점이다.

부시코 광장의 공원 안에 있는 조각상(위)과 르 봉 마르셰 전경(아래).

103

셰르셰미디 거리 전경(좌)과 말리공화국 대사관이 자리 잡은 89번지 저택 외관(우).

❺ 셰르셰미디 거리rue du Cherche-Midi는 소규모 레스토랑과 술집으로 가득하다. 조개 장식을 파는 상점 페를레Perlae와 오랫동안 명성을 쌓아온 카페 뷔셰리Bûcherie의 매력적인 19세기 철제 파사드를 놓치지 말고 확인하자. 일반 주택과 달리 단독 주택으로 설계된 85번지와 87번지의 사랑스러운 18세기 건물도 잊지 말자. 이 중 85번지는 잊혀진 19세기 아카데미 화가 에르네 에베르Ernest Hébert, 1817~1908가 살았던 곳으로, 1984년에 에베르 박물관Musée Hébert이 문을 열었다. 에베르의 작품과 유물을 전시하던 이곳은 2004년부터 보수 공사에 들어갔고, 재개관 일정은 미정이다. 소장품은 현재 오르세 미술관에 전시되어 있다. 89번지에는 현재 서아프리카의 말리공화국 대사관이 들어섰으며, 안뜰로 들어가면 18세기의 고풍스러운 출입구와 계단이 거의 그대로 보존되어 있다.

❻ 갈르리 르 세브리앵Galerie le Sevrien의 지하도를 통해 반대편 세브르 거리rue de Sèvres로 건너간다. 지름길을 빠져나와 우측으로 조금 들어가면 생뱅상드폴 예배당Chapelle Saint-Vincent-de-Paul이 있다. 10구의 생뱅상드폴 성당과 혼동하지 말 것

생뱅상드폴 예배당.

생뱅상드폴 예배당 내부와 성인의 왁스상.

17세기 프랑스에서 가장 촉망받는 성직자였던 생 뱅상 드 폴St Vincent de Paul, 1581~1660은 학업과 모험에 일생을 바친 파란만장한 삶을 살았다. 후에 그는 겸손과 절약, 자선 활동으로 존경받았으며, '가난한 자'와 '자선'의 성인으로 추앙받게 되었다. 생 뱅상 드 폴은 생 루이즈 드 마리약St Louise de Marillac, 1591~1660과 함께 '자선의 딸들'이라는 기독교 여성 자선 단체를 설립했다. 조용하고 화려하게 장식된 예배당은 1826년에 건설되었다. 붉은 빛과 금빛으로 반짝이는 스테인드글라스 창은 성인의 삶을 세세하게 묘사하고 있다. 웨딩 케이크처럼 장식된 중앙 제단 꼭대기엔 19세기 뛰어난 은세공사 오디오Odiot가 제작한 생 뱅상 드 폴의 성소가 있는데, 뒤쪽의 이중 계단을 올라가면 소름 끼치도록 진짜 같은 성인의 왁스상이 있다.

❼ **바노 거리**rue Vaneau는 별볼 일 없어 보이지만, 사실상 파리에서 아무 흥밋거리도 찾을 수 없는 거리란 없다. 예를 들어 구두 수선 집을 포함한 바노 거리의 아기자기한 건물들은 바노 거리가 끝나는 50번지에서 평범한 정문으로 깜찍하게 마무리된다.

❽ 담으로 둘러싸인 카트린 라부레 정원Jardin Catherine Labouré은 점심 도시락을 먹으며 소풍을 즐기기에 완벽한 장소다. 조용하고 목가적인 이곳은 관광객보다는 주변 주민들이 즐겨 찾는 휴식 공간이다. 원래 이 정원은 바크 거리의 생 뱅상 드 폴 자선 단체 '자선의 딸들'이 가꾸던 채소밭이었다. 오늘날에도 라임나무와 포도나무 같은 과일 나무들이 늘어서 있고, 가지런한 채소밭과 허브 식물원이 마련되어 있다. 물론 아이들 놀이터도 있다.

파리 10구의 생뱅상드폴 성당

파리의 유서 깊은 교회 건축물 중 하나로, 19세기에 신고전주의 양식으로 지어졌다. 방돔 광장(place Vendôme) 건설에 참여했던 프랑스 유명 건축가 장바티스트 르페르(Jean-Baptiste Lepère, 1761~1844)가 전체적인 설계를 맡았는데 여러 우여곡절 끝에 20년에 걸쳐 완공되었다. 완공된 교회는 자비의 성인 뱅상 드 폴에게 바쳐져, 이후 '생뱅상드폴 성당(Église Saint-Vincent-de-Paul)'이라는 이름을 얻게 되었다. 고대 그리스 신전 형태를 본뜬 듯한 고풍스러운 정면 입구와 양쪽에 동일하게 쌓아 올린 쌍둥이 사각탑이 유명하며, 파리 10구 벨정스 거리(rue de Belzunce)에 있다.

❾ 이 걷기 코스에서 만나는 두 번째 성인은 바로 생 카트린 라부레Saint Catherine Labouré, 1806~1876다. 바빌론 거리rue de Babylone를 지나 바크 거리 rue du Bac로 우회전하면 르 봉 마르셰 백화점 바로 옆 140번지에 성모 마리아의 기적의 메달 예배당Notre-Dame de la Médaille Miraculeuse이 있다. 카트린 라부레는 신앙심 깊은 평범한 시골 처녀로 '자선의 딸들'에서 활동하고 있었다. 그러던 1830년의 어느 날, 성모 마리아의 환영을 두 번 보게 되고 그중 한번은 성모 마리아의 '위대한 자비'를 베풀어 줄 메달을 만들 것을 지시 받았다. 그것이 바로 '기적의 메달'a Médaille Miraculeuse'이다. 그 이후 수백만 개의 메달이 제작되었으며 인기리에 팔려나갔다. 카트린 라부레는 성녀로 추앙받았으며, 예배당 중앙에 성소가 마련되었고, 예배당은 곧 순례지가 되었다. 쇼핑이나 식도락, 또는 예술 감상이 아니라 오로지 기도를 올리기 위해 매일같이 수많은 사람들이 떼를 지어 생 제르맹의 조그만 모퉁이로 몰려든다.

❿ 이타주의와 동정심을 뒤로하고 바빌론 거리로 좌회전하면, 13번지에 고색창연한 가족 경영 식당 오 바빌론Au Babylone이 있다. 전화문의: 01-4548-7213 수수한 음식과 비좁은 공간, 가족 응접실 같은 친근한 분위기가 이 식당의 매력이다. 다른 화려한 레스토랑에 비하면 특히 가격 면에서 두 배로 만족스럽다. 60년 가까이 문을 연 이 식당은 1968년 5월 혁명 이후 점심시간에만 영업하며, 매일 저녁과 일요일은 문을 닫는다.

바빌론 거리를 빠져나와 생 제르맹 지구의 혼잡한 쇼핑가 중 하나인 바크 거리를 따라 걷기를 계속한다. 이 거리에는 고급 인테리어 소품점인 콘란 숍The Conran Shop과 고급 식품 상점 에디아르Hédiard의 분점이 있으며, 친밀하고 아담한 공원 미숑 에트랑제 광장square des Mission Etrangers과 거대한 정문 사이로 들여다보이는 개인 정원들이 많다.

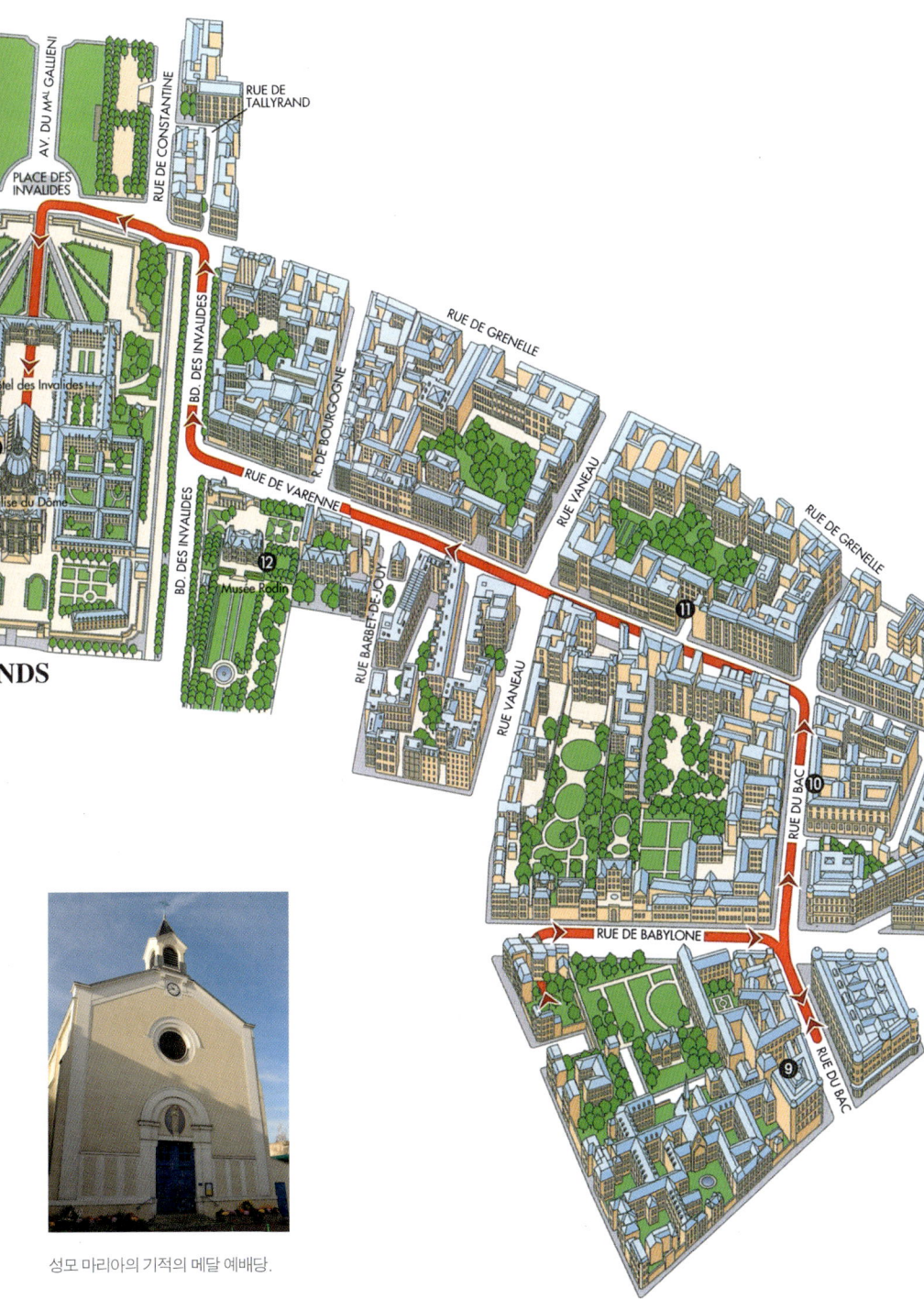

성모 마리아의 기적의 메달 예배당.

마티뇽 저택(좌)과 아름다운 정원을 가진 로댕 박물관(우).

⓫ 바렌 거리rue de Varenne로 들어서는 순간 거리 분위기는 확 달라진다. 왠지 가까이 하기 어려운 석조 파사드 저택들이 보기 좋게 따닥따닥 붙어 있기 때문이다. 그중에 특히 57번지 마티뇽 저택Hôtel Matignon이 보석처럼 빛난다. 파리에서 가장 큰 개인 정원이 딸린 이곳은 프랑스 국무총리의 공식 거주지다.

⓬ 아름다운 저택과 정원을 멋지게 결합한 로댕 박물관Musée Rodin은 1919년에 문을 열었다. 오귀스트 로댕Auguste Rodin, 1840~1917이 1908년부터 세상을 떠날 때까지 살았던 18세기의 고풍스러운 비롱 저택 Hôtel Biron과 향기로운 장미 정원 모두 로댕의 아름답고 뛰어난 조각품으로 가득하다. 그중에서도 세계 어디서나 흔히 모조품을 발견할 수 있는 〈키스〉와 〈생각하는 사람〉이 유명하다. 로댕의 제자이자 연인이었던 불운의 조각가 카미유 클로델Camille Claudel, 1864~1943의 방도 있으니 그녀의 작품도 놓치지 말고 감상하자.

로댕의 대표작 〈생각하는 사람〉.

❸ 조화미를 자랑하는 거대한 정문을 통과하면 앵발리드Hôtel des Invalides 의 웅장한 파사드가 나온다. 1675년, 리베랄 브뤼앙Libéral Bruantca, 1635~1697이 군 병원으로 건설한 것이다. 그 뒤로 예배당의 금빛으로 반짝이는 돔이 웅장한 모습을 빛내고 있다. 거대한 앵발리드는 크게 3개의 박물관으로 구성되어 있다. 군사 박물관Musée de l'Armée과 군사 모형 박물관Musée des Plans-Reliefs, 현대 역사 박물관Musée d'Histoire Contemporaine이다. 이미 피로가 몰려들기 시작했다면 동쪽 별관의 2층에 있는 군사 박물관으로 곧장 향하자. 이곳에서는 한때 세상을 뒤흔들었던 나폴레옹의 몰락하는 과정을 그린 다양한 그림과 문서를 감상할 수 있다. 앵그르Jean Auguste Dominique Ingres, 1780-1867가 1806년에 그린 나폴레옹의 영광스러운 초상화와 몰락한 군주의 창백하고 초췌한 몰골의 초상화를 비교해 보는 것도 흥미롭다. 영국령의 세인트 헬레나St Helena 섬에 있던 나폴레옹의 침실과 1821년 나폴레옹이 숨을 거둔 작은 침대도 이곳에 재현되어 있다.

17세기 건축가 쥘 아르두앵망사르Jules Hardouin-Mansart, 1646~1708의 역작 돔 예배당 아래에는 나폴레옹의 마지막 안식처가 있다. 나폴레옹의 유해는 1840년 6개의 관을 차례차례 끼워 넣고 그 한가운데에 장엄하게 안장되었다. 그는 죽은 지 거의 20년 만에 자신의 고향에 돌아와 유언대로 센 강변에 묻히게 된 것이다. 자주색 빛을 띠는 반암斑岩 석관을 보기 위해 오늘날 수많은 관광객들이 원형 회랑을 찾고 있다. '키 작은 일등병'이기보다는 동화 속 거인 같았던 그의 존재에 더욱 어울리는 풍경이다.

앵발리드. 새롭게 금박을 입힌 화려한 돔 아래 나폴레옹이 잠들어 있다.

6 _ Le musée du Louvre to the Arc de Triomphe

루브르 박물관에서 개선문까지:

대행진

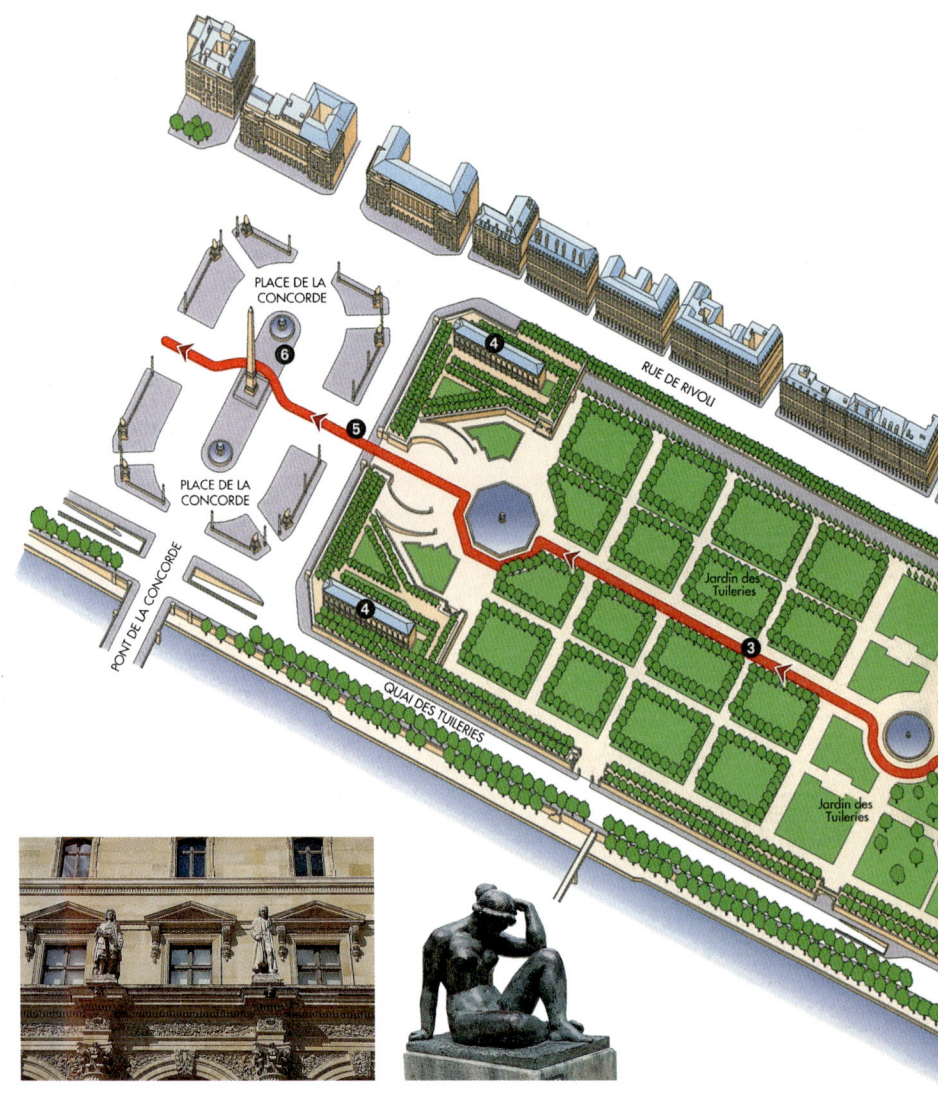

루브르 박물관의 볼테르 상과 라신 상.

아리스티드 마이욜의 작품 〈지중해〉.

이번 걷기 코스는 보통 파리를 방문하는 사람들이 걸어서 구경하는 처음이자 마지막 구간일 가능성이 높다. 파리는 구석구석 매력 넘치는 도시지만, 샹젤리제 거리만큼 자석처럼 사람을 이끄는 곳도 없기 때문이다. 이번 코스는 루브르 박물관에서 시작해 튈르리 정원과 콩코르드 광장을 지나 샹젤리제 거리를 통과해 개선문까지 나아가는 대행진이다. 이 가상의 광활한 축은 1989년 파리 서부 경계에 새롭게 조성된 사업 단지 라 데팡스의 개선문Grande Arche de La Défense까지 곧장 이어진다. 루브르 박물관에서 라 데팡스까지의 이 모든 재건 사업은 1981~1995년 프랑스 대통령이었던 프랑수아 미테랑François Mitterrand, 1916~1996의 '위대한 사업' 중 하나였다.

▶**출발지** 팔레 루아얄 광장
가장 가까운 메트로 역: 팔레 루아얄, 루브르 박물관

■ **도착지** 개선문
가장 가까운 메트로 역: 샤를 드골에투알

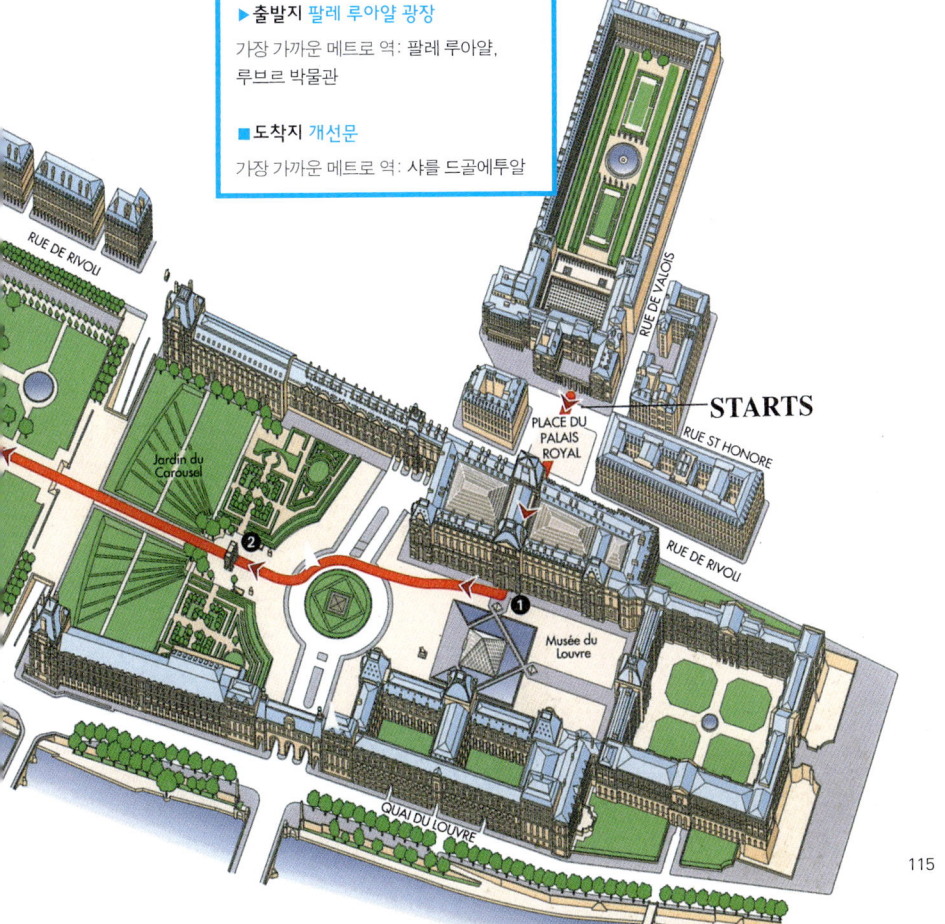

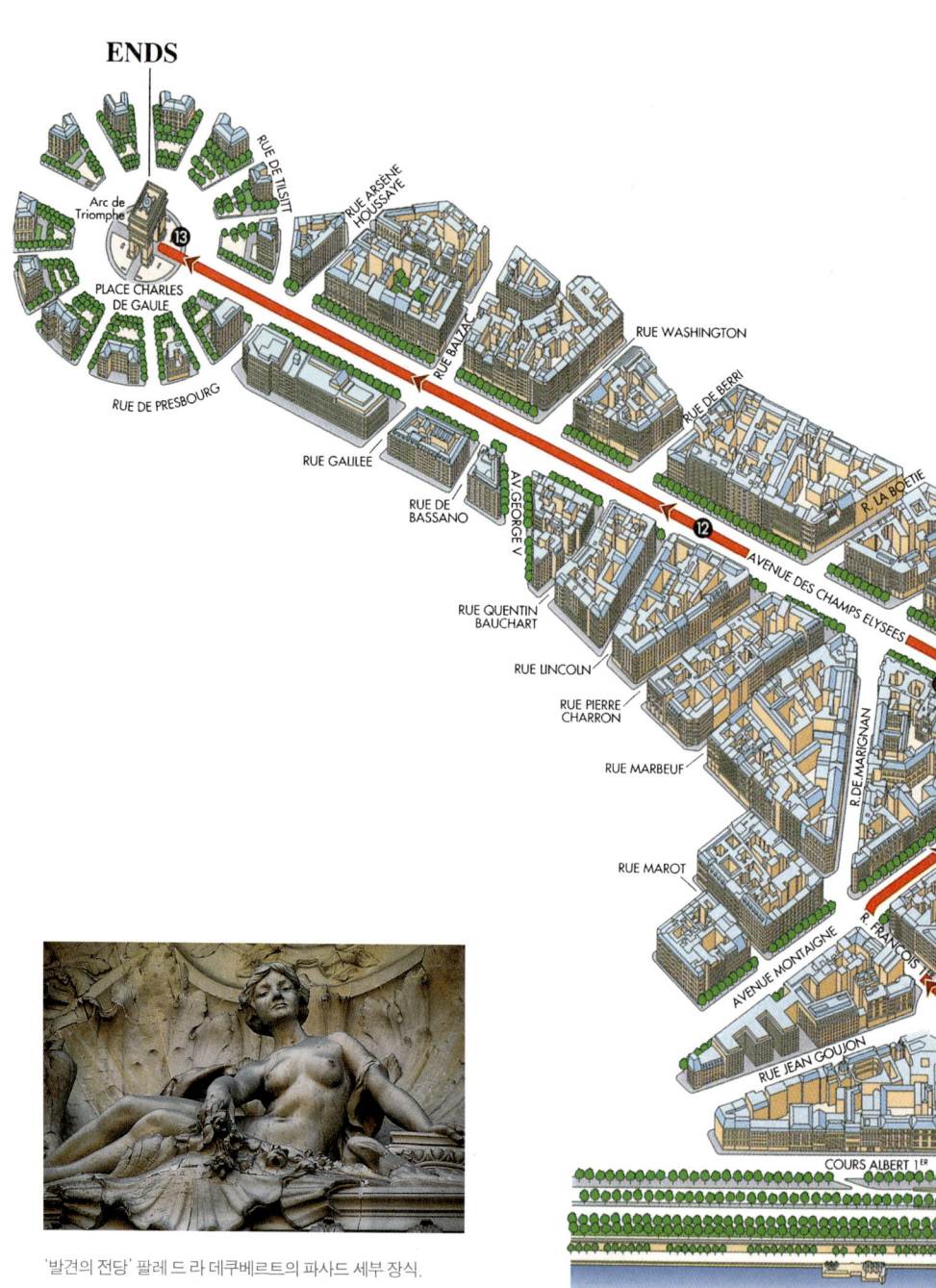

'발견의 전당' 팔레 드 라 데쿠베르트의 파사드 세부 장식.

유감스럽게도 이번 걷기 코스는 심장이나 체력이 약한 사람들에게는 무리가 따를 수도 있다. 거대한 루브르 박물관을 둘러보고 '대행진'을 한 후, 마지막 관문인 개선문의 282개 나선 계단까지 오를 작정이라면 더욱 그렇다. 게다가 중간 중간 엄청난 교통량과 인파에 끊임없이 시달려야 하는 것도 무시할 수 없다. 특히 샹젤리제 거리는 쇼핑이나 식사를 위해, 또는 그저 샹젤리제 거리를 구경하기 위해 모여든 파리 시민과 관광객으로 늘 인산인해를 이룬다. 언제든 체력에 무리가 온다 싶으면 망설이지 말고 메트로나 버스를 이용하자. 모든 것을 알차게 돌아보면서도 걷기 여행의 즐거움을 놓치고 싶지 않다면, 이틀 정도 시간을 할애해 코스를 완성하는 것도 좋을 것이다.

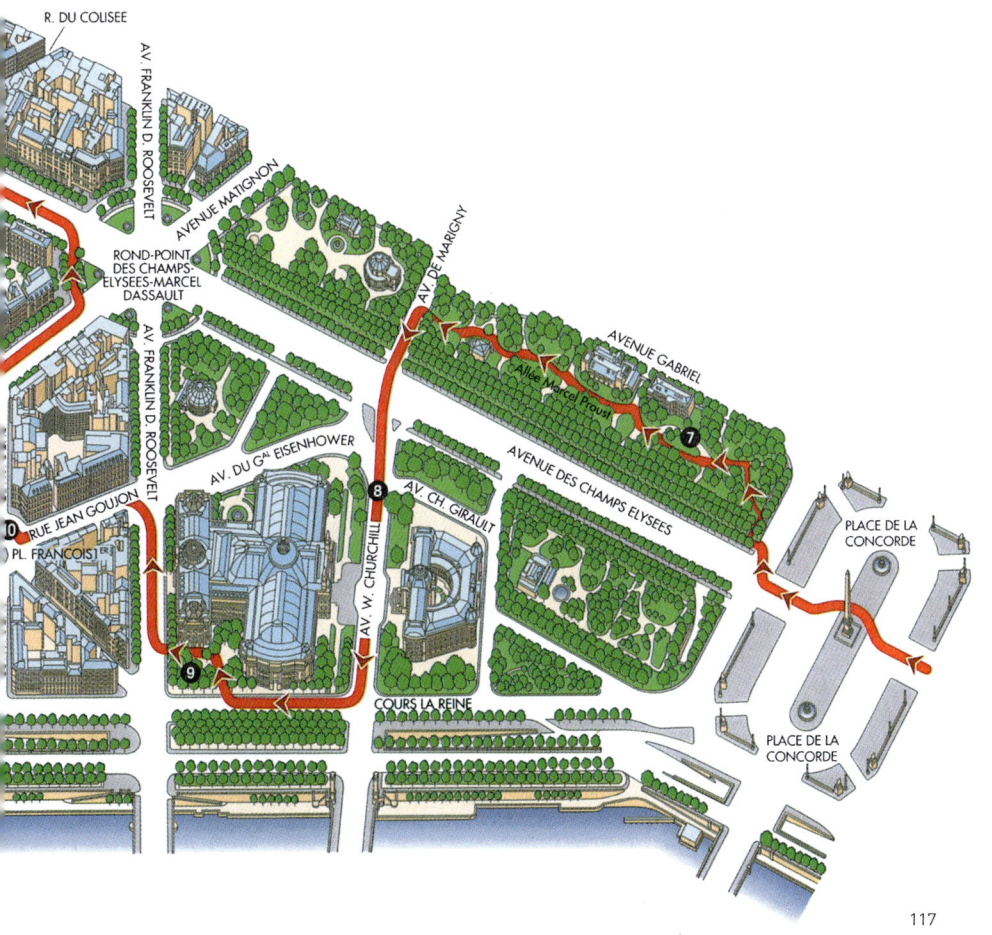

레오나르도 다빈치의 〈모나리자〉 앞에 수많은 관광객들이 몰려 있다.

❶ 루브르 박물관을 방문할 때 뮤지엄 패스나 미리 예매한 표가 있다면 리슐리외Richelieu 관의 입구로 곧장 입장할 수 있다. 그렇지 않은 경우는 메트로 역에서 쇼핑몰과 매표소가 있는 지하 공간 '카루셀 뒤 루브르Carrousel du Louvre'로 향한다.

새 천 년을 맞아 재편성된 루브르 박물관의 전시장은 한마디로 최고다. 안내소에 한국어 안내서를 비롯한 자세한 박물관 안내 책자가 준비되어 있으니 꼭 챙기자. 하지만 박물관을 최대한 즐기기 위해서는 고전 예술과 소용돌이치는 인류사에 어느 정도 관심이 필요하다. 유서 깊고 숭엄한 박물관이라면 의례적으로 풍기는 점잖고 지적인 분위기가 루브르 박물관에서는 눈에 띄게 부족하다. 수많은 그림으로 쌓아 올린 바벨탑에 놀이동산의 요소만 가득할 뿐이다. 관광객들은 푯말을 따라 달콤한 과즙에 달려드는 벌떼처럼 핵심 전시품 앞으로 몰려든다. 그중에서도 최고의 작품은 레오나르도 다빈치의 〈모나리자〉다. 도난과 화재로부터 보호하기 위해 특수 유리장 안에 들어 있는 이 작품을 보기 위해선 수백 명의 인간 장벽을 통과해야 할지도 모른다. 모나리자가 있는 전시장은 수많은 관광객을 인솔하는 각양각

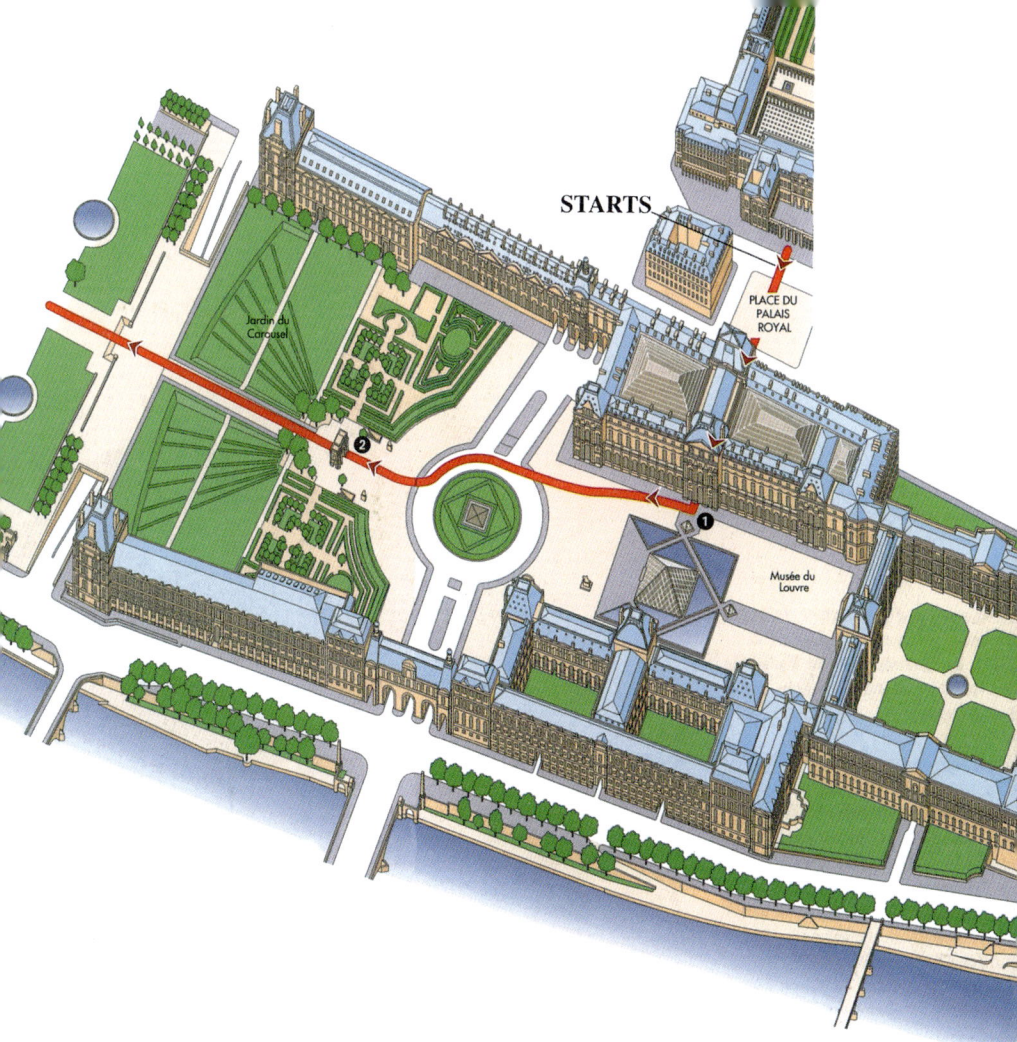

색의 깃발이 나부끼는 가운데, 말로 형언하기 어려운 흥분과 호기심으로 가득한 축제 분위기다. 관람객이 너무 많아서 그림을 가까이서 감상할 기회가 없을지라도 전 세계 관광 사업의 핵심 현장에 들어와 있다는 묘한 감동을 느낄 수 있을 것이다. 아무튼 루브르 박물관을 둘러볼 작정이라면, 편안한 신발을 신고 아침 일찍 서두르는 게 좋다. 루브르 박물관은 9시에 개장한다. 전시품의 반도 둘러보지 못하고 지쳐 떨어지지 않으려면, 미리 안내도를 보면서 관심 있는 작품 위주로 골라보는 게 현명하다. 정기 휴일은 화요일이다.

루브르 박물관은 현재의 거대한 박물관과 미술관이 들어서기 이전 루브르 왕궁이었다. 프랑스 왕위가 계승되면서 점점 더 확장되어 오늘날의 모습에 이르렀다. 심지어 근대에 이르러서도 외형상에 큰 변화가 있었다. 바로 I.M. 페이가 1989년에 설치한 거대한 유리 피라미드다. 이 대담한 건축물은 엄청난 반향을 일으켰고, 고색창연한 루브르의 또 다른 명물이 되었다. 작은 피라미드 3개가 거대한 중앙 피라미드를 둘러싸고 있으며, 중앙 피라미드 아래는 또 다른 역 피라미드가 있다. 그 중심으로 루브르 쇼핑센터와 매표소, 안내소 등이 펼쳐진다. 또한 1993년 북쪽의 리슐리외 관의 안뜰 2곳은 유리 지붕을 덮은 실내 조각 공원이 되었다.

박물관을 둘러볼 계획이 아니라면, 메트로 역에서 나와 리볼리 거리 rue de Rivoli를 건넌 다음 리슐리외 관의 통로를 지나 유리 피라미드로 곧장 나아간다. 리슐리외 관을 통과할 때 양옆의 마당은 유리 지붕을 덮은 조각 전시관이다. 리볼리 거리 93번지에 있는 고급스럽고 쾌적한 카페 마를리Café Marly는 현대적이고 감각적인 요리를 제공한다. 꽤 비싼 편이지만 루브르의 피라미드를 내려다보며 멀리 튈르리 정원과 에펠탑까지 내다볼 수 있는 환상적인 전망은 그 값어치를 하고도 남는다. 전화문의: 01-4926-0660

❷ 루브르 박물관을 뒤로하고 우아한 카루젤 개선문Arc de triomphe du Carrousel을 위풍당당하게 행진해 보자. 나폴레옹의 승리를 기념하기 위해 건설된 이 개선문은 한때 베네치아의 산 마르코 대성당에서 전리품으로 가져온 사두마차 청동상을 그 꼭대기에 장식하기도 했다. 청동상은 1815년에 반환되었다 카루젤 개선문 앞에 서면, 라데팡스까지 이어진 거대한 가상의 축이 눈앞에 활짝 펼쳐진다. 멀리 어렴풋이나마 이번 걷기의 목적지인 개선문이 눈에 들어올 것이다.

카루젤 개선문(위)과 루브르 박물관 내부의 실내 조각 공원(아래).

튈르리 정원은 산책과 휴식에 더할 나위 없이 좋은 장소다.

❸ 화려하게 장식된 수많은 연못과 테라스, 수십 개의 조각상, 아름다운 경치까지 모두 갖춘 우아한 튈르리 정원Jardin des Tuileries은 여유롭게 산책하기에 완벽한 장소다. 파라솔과 밤나무 그늘 아래 자리 잡은 노천카페에는 아이들을 위한 햄버거와 핫도그도 준비되어 있으며, 당나귀를 타거나 장난감 배를 빌릴 수도 있다. 공원에 흩어져 있는 수많은 조각상 중에는 아리스티드 마이욜Aristide Maillol, 1861~1944의 청동 조각상도 18개나 있다. 이 아름다운 정원을 설계한 사람은 루이 14세Louis XIV의 조경사였던 앙드레 르 노트르André Le Nôtre, 1613~1700다.

튈르리 정원은 완성되자마자 귀족들의 사교장이 되었다. 당시 귀족들은 저마다 화려한 외모나 새 의상과 마차 따위를 자랑하기 위해 서로들 잘난 체하며 정원을 어슬렁거렸다. 1662년, 태양왕 루이 14세는 첫 왕자의 탄생도 이곳에서 경축한 바 있다. 로마 황제처럼 차려 입고 역시 화려하게 꾸민 말을 타고 15,000명의 관중 앞을 지나가는 왕의 모습을 상상해 보라. 당시 루이 14세는 튈르리 궁전Tuileries Palace에 머물고 있었는데, 이 궁전은 약 한 세기 전 앙리 2세의 미망인인 카트린 드 메디치Catherine de' Medicis, 1519~1589가 건설한 것이었다. 하지만 정작

그녀는 점성가의 반대로 한 번도 튈르리 궁전에 살지 않았다고 한다. 궁전은 1871년 파리 코뮌 기간 중 불타버렸고, 오늘날 거대하고 화려한 정원만이 과거의 영광을 짐작케 해줄 뿐이다.

❹ 튈르리 정원의 정문에 다다르면 양쪽으로 2개의 전시관이 있다. 왼쪽은 오랑쥬리 미술관Musée de l'Orangerie이고 오른쪽은 죄 드 폼 국립 미술관Galerie nationale du Jeu de Paume이다. 오랑쥬리 미술관은 세잔, 마티스, 모딜리아니, 모네, 피카소, 르누아르 등 인상주의 거장들의 작품들을 전시한다. 특히 2개의 원형 전시관을 가득 채우고 있는 모네의 거대한 〈수련〉 시리즈는 인상주의 작품의 팬이 아니더라도 꼭 감상해 보라. 일생일대의 경험이 될 만하다. 원래 테니스장이었던 죄 드 폼 국립 미술관은 주로 현대 예술 작품을 전시한다.

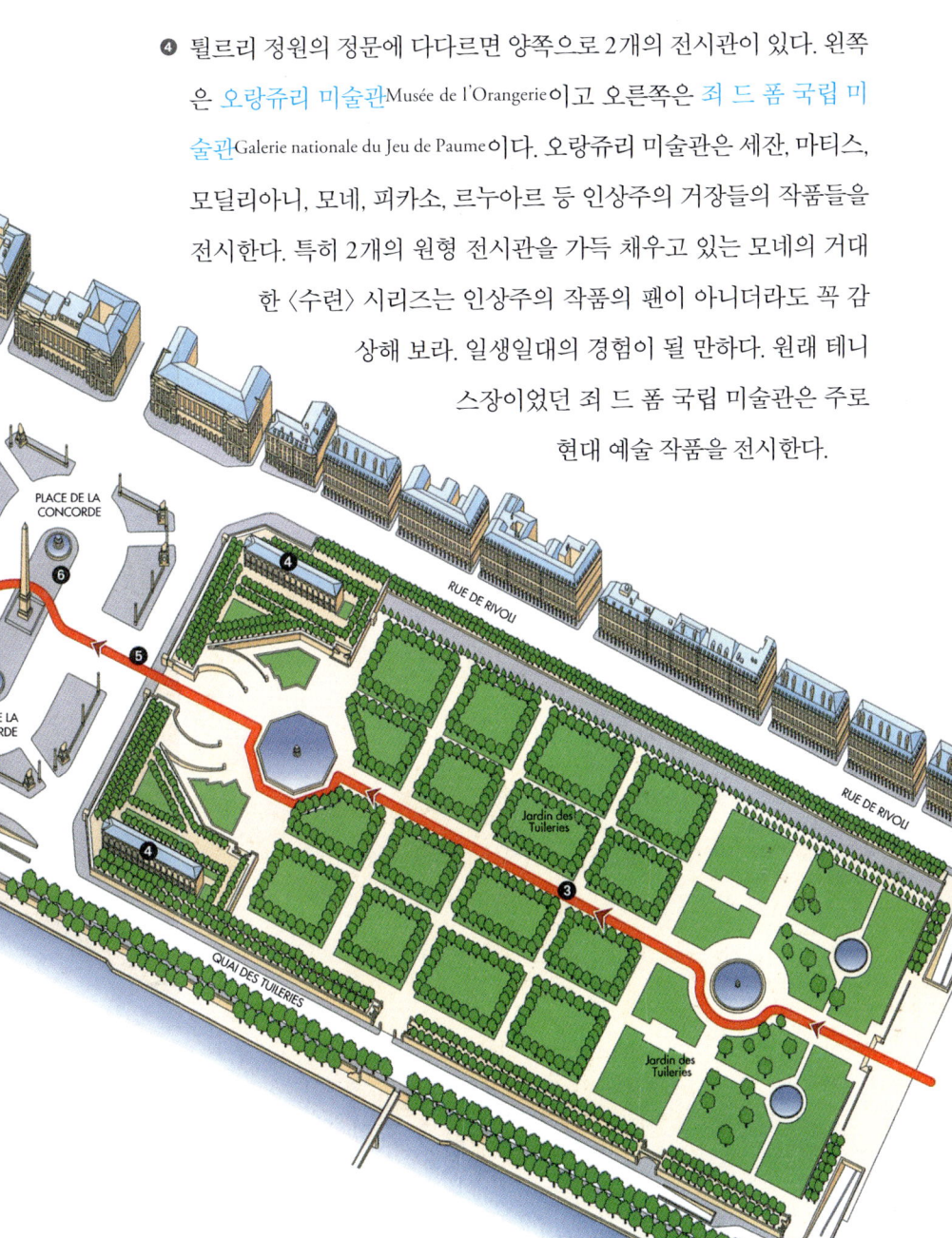

콩코르드 광장의 대회전 전차.

튈르리 정원 정문에 있는 쿠아즈보의 날개 달린 말 중 하나.

❺ 금박으로 화려하게 장식한 웅장한 튈르리 정원의 정문은 조각가 쿠아즈보Antoine Coysevox, 1640~1720가 제작한 날개 달린 말 2마리가 지키고 있다. 정문을 나서면 바로 앞에 거대한 대회전 전차 라 그랑드 루드 파리La Grande Roue de Paris가 앞을 가로막을 것이다. 아이들이 특히 좋아하지만, 꼭대기에서 바라 본 경치는 남녀노소 모두가 즐길 수 있다. 매일 오전 11시부터 자정까지 운행하므로 야경을 보기에도 좋다.

❻ 화려하고 웅장하지만 그 이름만큼 조화미를 자랑하는 콩코르드 광장 place de la Concorde은 18세기 중반에 건설되었다. 오늘날 그 주변의 어마어마한 교통량은 파리의 눈엣가시임은 물론, 보행자들에게도 커다란 위험 요소가 되고 있다.

콩코르드 광장을 제대로 감상하려면 사방으로 경치가 트인 한가운데가 가장 좋다. 3,300년이나 된 이집트 오벨리스크가 우뚝 솟아 있는 곳도 바로 여기다. 광장의 분수와 조각상처럼 오벨리스크 역시 19세기에 이 광장에 도달했다. 그 옆에는 프랑스 대혁명 기간 중 루이 16세와 마리 앙투아네트를 비롯한 1,119명의 목숨을 앗아간 기요틴 단두대가 있다. 광장을 둘러보다 지치면 고급스럽고 화려한 크리용 호텔Hôtel de Crillon의 유명한 바에서 잠시 쉬어가는 것도 좋겠다.

콩코르드 광장의 오벨리스크.

그랑 팔레.

❼ 잠시 화려한 샹젤리제 거리Avenue des Champs-Élysées 는 무시하고 오른편의 구불구불한 산책로로 들어선다. 1838년, 자크히토르프Jacques-Ignace Hittorff, 1792~1867가 설계한 샹젤리제 정원Jardins des Champs-Élysées이 나온다. 정원 입구에 기욤 쿠스토Guillaume Cousteau가 제작한 〈마를리의 말들Marly Horses〉이 있다. 늘 푸른 잔디밭과 예쁜 꽃밭으로 가꾼 샹젤리제 정원은 작긴 해도 아늑하고 친근하다. 이번 걷기 코스에서 준비한 도시락을 먹기에 가장 적당한 장소다. 마르셀 프루스트Marcel Proust, 1871~1922는 젊은 시절, 이 공원에서 마리 드 베르나다키Marie de Bernadaky와 함께 어울리곤 했다.

프티 팔레.

그녀가 바로 프루스트의 반자전적 소설 《잃어버린 시간을 찾아서A La Recherche du Temps Perdu》의 여주인공 질베르트Gilberte의 모델이다.

❽ 샹젤리제 대로를 건너 윈스턴 처칠 거리avenue Winston Churchill를 따라가면, 오직 1가지 목적을 위해 건설된 새로운 공간에 들어선다. 1900년 파리 만국박람회를 위해 설계된 그랑 팔레Grand Palais와 프티 팔레Petit Palais다. 화려하고 웅장한 그랑 팔레의 네

127

모퉁이는 날개 달린 말이 이끄는 이륜 전차가 장식하고 있으며, 상대적으로 작은 프티 팔레 앞에는 아름다운 알렉상드르 3세 다리Pont Alexandre III가 놓여 있다. 그랑 팔레의 유리와 철제로 구성된 거대한 돔 아래 전시실은 파리의 주요한 예술 기획전으로 각광받고 있으니, 전시 프로그램을 꼭 확인하자. 반면 프티 팔레는 이집트와 그리스·로마 조각, 르네상스 장식 예술, 19~20세기 프랑스 예술 작품 등을 전시하는 파리 시립 미술관으로 쓰이고 있으며, 정기 휴일은 월요일이다.

❾ 아담한 오아시스 발레 쉬스 정원Jardins de la Vallée Suisse을 가로질러 루즈벨트 거리avenue Roosevelt로 나아간다. 이곳에 '발견의 전당'이란 뜻의 과학 박물관 팔레 드 라 데쿠베르트Palais de la Découverte가 있다. 특히 아이들이 직접 만지고 체험할 수 있는 유익한 공간이다. 정기 휴일은 월요일이다. 박물관 반대편에는 최고급 레스토랑 라세르Lasserre가 있다.전화문의: 01-4359-0213 원양 정기선처럼 꾸민 실내 장식과 움직이는 천장, 벨벳 엘리베이터 그리고 캐비아로 유명하다.

❿ 세련되고 다소 엄숙하기까지 한 파리 8구의 매력을 맛보고 싶다면, 장 구종 거리rue Jean Goujon로 내려가 호화롭고 엄숙한 산 레지스 호텔 Hotel San Regis을 지나 우아한 프랑수아 1세 광장place François 1er으로 들어선다. 바이라르 거리rue Bayard 23번지에 뛰어난 오베르뉴Auvergnue 요리를 즐길 수 있는 훌륭한 레스토랑 셰 사비Chez Savy가 있다.전화문의: 01-4723-4698 몽테뉴 거리avenue Montaigne로 계속 나아가면 크리스티앙 디오르Christian Dior 매장이 눈에 띌 것이다. 한때 이곳은 일명 '과부의 거리' 알레 데 뵈프allée des Veuves로 불리며 강도와 거지들이 들끓던 빈민가였다. 그러나 지금의 몽테뉴 거리는 진지하고 무표정한 '파리지엔'의 유행을 선도하는 곳이 되었다.

센 강변 다리 중 가장 화려함을 자랑하는 알렉상드르 3세 다리(위)와 팔레 드 라 데쿠베르트(아래).

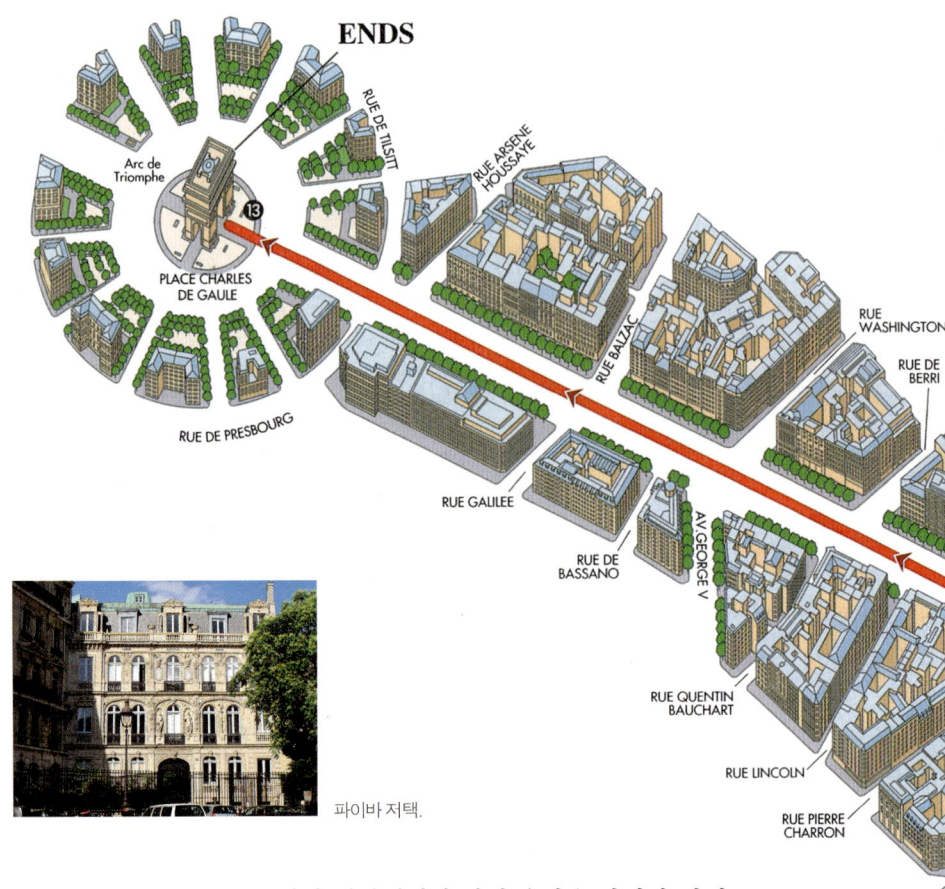

파이바 저택.

⓫ 샹젤리제에 남아 있는 유일한 대저택이자 과거 유산은 파이바 저택 Hôtel de la Païva이다. 나폴레옹 3세Napoleon III의 제2제정1852~1870 시절, 유명한 고급 창녀가 살았던 곳이다. 오늘날은 사교클럽 트레블러즈 클럽Travellers' Club이 자리한다.

⓬ 이제 샹젤리제 거리avenue des Champs-Élysées 의 혼잡함과 열기 속으로 뛰어들어 넓은 보도를 따라 개선문까지 행군할 차례다. 이 거리도 튈르리 정원을 설계한 앙드레 르 노트르가 설계했다. 쭉 뻗은 완만한 오르막길은 모든 행렬과 축제의 단골 장소다. 가령, 나폴레옹 유해의 반환을 기념하던 엄숙한 행진은 눈발이 휘날리는 살을 에는 추위 속에

서도 수천 명의 시민들이 참여했었다. 또한, 두 번에 걸친 세계대전의 승전 퍼레이드가 펼쳐졌을 때는 온 세계가 샹젤리제와 함께했다. 파리의 새 천 년 축제의 중심도 이곳이었다. 또한 매년 7월 14일 프랑스 대혁명 기념일과 11월 11일 휴전기념일에도 항상 샹젤리제 거리에서 축하 행사가 벌어진다. 샹젤리제 거리를 걷다가 벨 에포크Belle Epoque 시대에 세워진 아름다운 카페 라뒤레Ladurée나 르 푸케Le Fouquet's에서 잠시 쉬어 갈 수 있다.

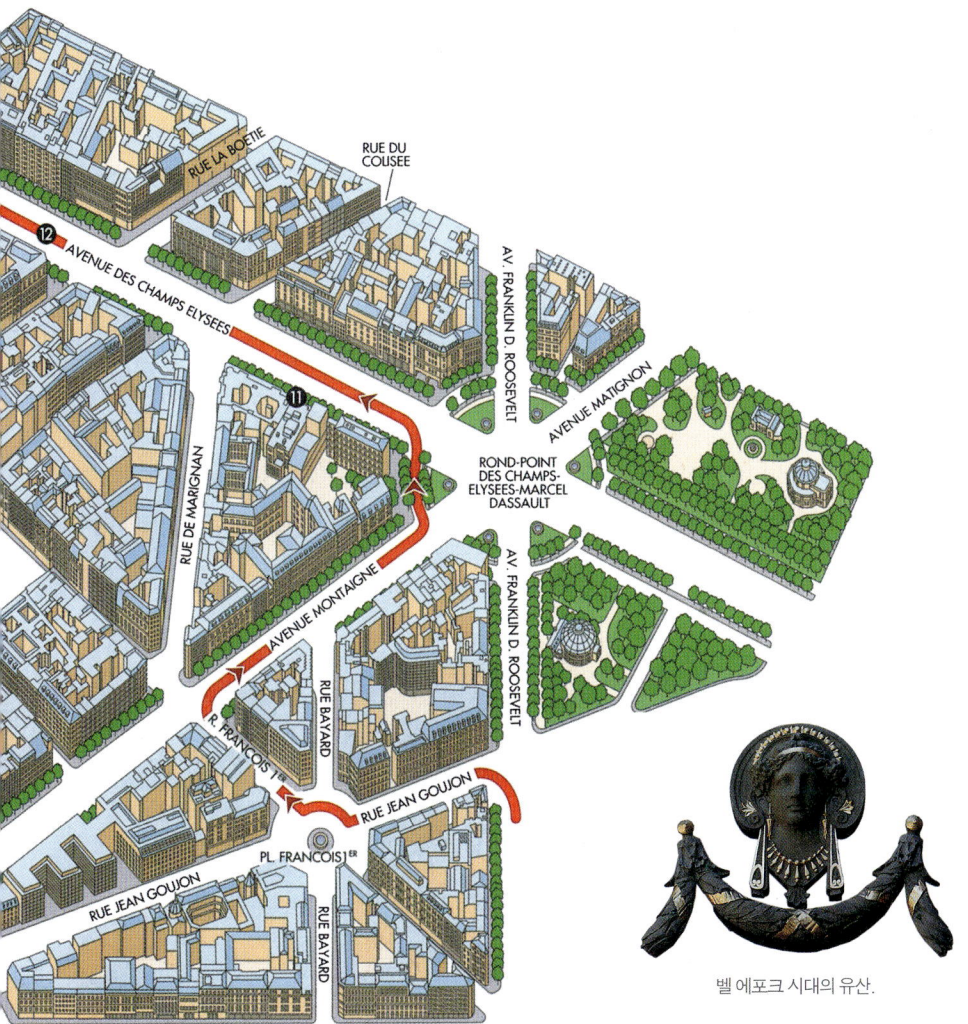

벨 에포크 시대의 유산.

❸ 샹젤리제 거리 양쪽 끝에 석조 난간을 두른 보행자 전용 지하도가 있다. 이곳을 건너면 샤를 드골-에투알 광장place Charles de Gaulle-Étoile 한가운데에 있는 개선문 아래에 도착한다. 개선문은 나폴레옹이 1805년 오스테를리츠Austerlitz 전투의 승리를 기념하기 위해 건설을 명령했다. 그러나 개선문이 완성된 해는 나폴레옹이 세상을 떠난 지 이미 15년이 지난 1836년이었다. 개선문 아래 중앙 바닥에 양차 세계대전의 희생자를 추모하는 '이름 없는 병사들의 무덤'이 있다. 개선문의 네 기둥은 수많은 조각으로 장식되어 있는데, 그중 하나는 프랑수아 루드François Rude, 1784~1855의 조각〈1792년 의용군들의 출발Départ des volontaires en 1792〉이다. 이 작품은 '라 마르세예즈La Marseillaise'라는 이름으로 더 많이 알려져 있다. 개선문 위에 올라가면 지금까지 걸어 온 길을 한눈에 되돌아보며 '승리'를 맛볼 수 있을 것이다. 개선문 위에서 내려다보는 파리 시내와 개선문을 중심으로 뻗은 별 모양의 대로는 가히 장관이라 할 만하다. 개선문을 오르는 티켓은 광장을 건너온 지하도에서 구매할 수 있으며, 뮤지엄 패스를 이용할 수도 있다.

프랑수아 루드의 유명한 조각상. 일명 '라 마르세예즈'라고 한다.

개선문의 부조 장식.

오스테를리츠 전투의 승리를 기념하기 위해 세워진 개선문.

7 _ From the Champs-Élysées to Parc de Monceau

샹젤리제에서 몽소 공원까지:
예술과 공원이 있는 풍경

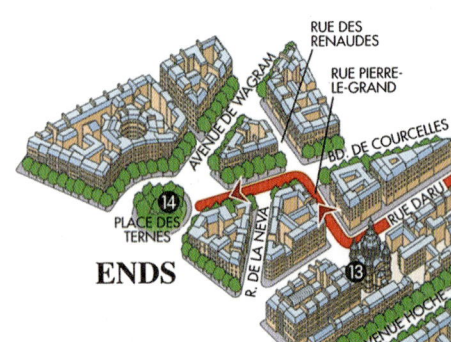

북적거리는 인파와 소음이 지겨워진다면, 소란스러운 샹젤리제 거리를 뒤로한 채 조용하고 건전한 파리 8구의 주택가로 향하자. 18~19세기 프랑스 르네상스기의 유산인 아름다운 대저택들을 배경으로 유모차를 밀고 가는 보모들과 애완견을 산책시키는 숙녀들은 마르셀 프루스트가 책에서 묘사한 그대로다. 관광객들의 발길이 거의 닿지 않아 평화롭고 조용한 분위기지만, 보석같은 박물관 3곳과 시적인 몽소 공원 등 구석구석 예상치 못한 기쁨을 맛보게 될 것이다. 이번 코스는 주말에 답사하는 게 가장 좋다. 공원은 주말 인파로 다소 북적거리지만, 공원 주변의 대로는 차량 통행이 금지되기 때문에 오히려 주중보다 더욱 조용하고 한산한 분위기를 즐길 수 있다.

몽소 공원에 있는 샤를 구노의 조각상(좌)과 쇼팽의 조각상(우).

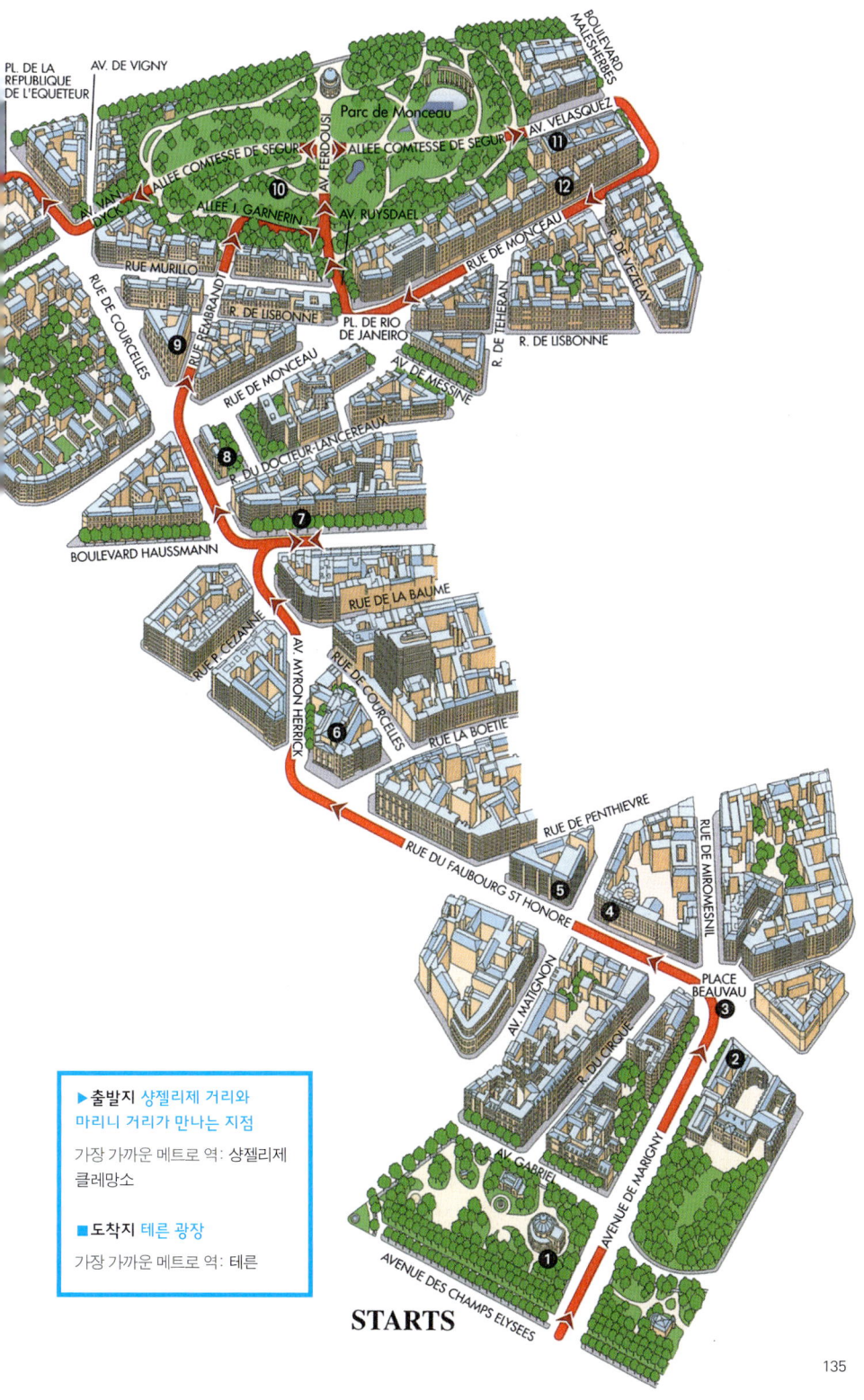

보보 저택과 저택의 철제 정문.

❶ 샹젤리제 정원Jardins des Champs-Élysées 을 끼고 있는 마리니 거리avenue de Marigny로 들어서면 우측에 마리니 극장Théâtre Marigny이 있다. 오페라 가르니에를 건설한 샤를 가르니에Charles Garnier, 1825~1898의 1881년 작품이다. 원래는 유명한 '파노라마' 관이 있었던 곳인데, 야외 로비가 있는 콘서트장이었다가 1920년대에 일반 극장으로 재탄생했다.

❷ 고풍스러운 엘리제 궁전Palais de l'Elysée은 아쉽지만 높다란 담과 입구 너머로 살짝 들여다보는 걸로 만족해야 한다. 1873년부터 프랑스 대통령 관저로 사용되고 있으며 무장한 보초가 항상 감시하고 있기 때문이다. 18세기 한때 엘리제 궁전은 루이 15세의 유명한 애첩이었던 마담 드 퐁파두르Madame de Pompadour, 1721~1764가 살았던 곳이다. 나폴레옹이 굴욕적인 퇴위 문서에 서명한 곳도 바로 이곳이다.

❸ 보보 광장place Beauvau은 마레샬 군도의 보보 후작Charles Juste de Beauvau-Craon, 1720~1793의 이름을 땄다. 아름다운 대저택 보보 저택Hôtel de Beauvau도 1770년경 보보 후작이 건설한 것이다. 이곳은 1861년부터 프랑스 내무부가 자리하고 있다. 엘리제 궁전처럼 일반인 출입은 금지되어 있으므로, 아름다운 철제 입구를 통해 구경만 할 수밖에 없다. 보

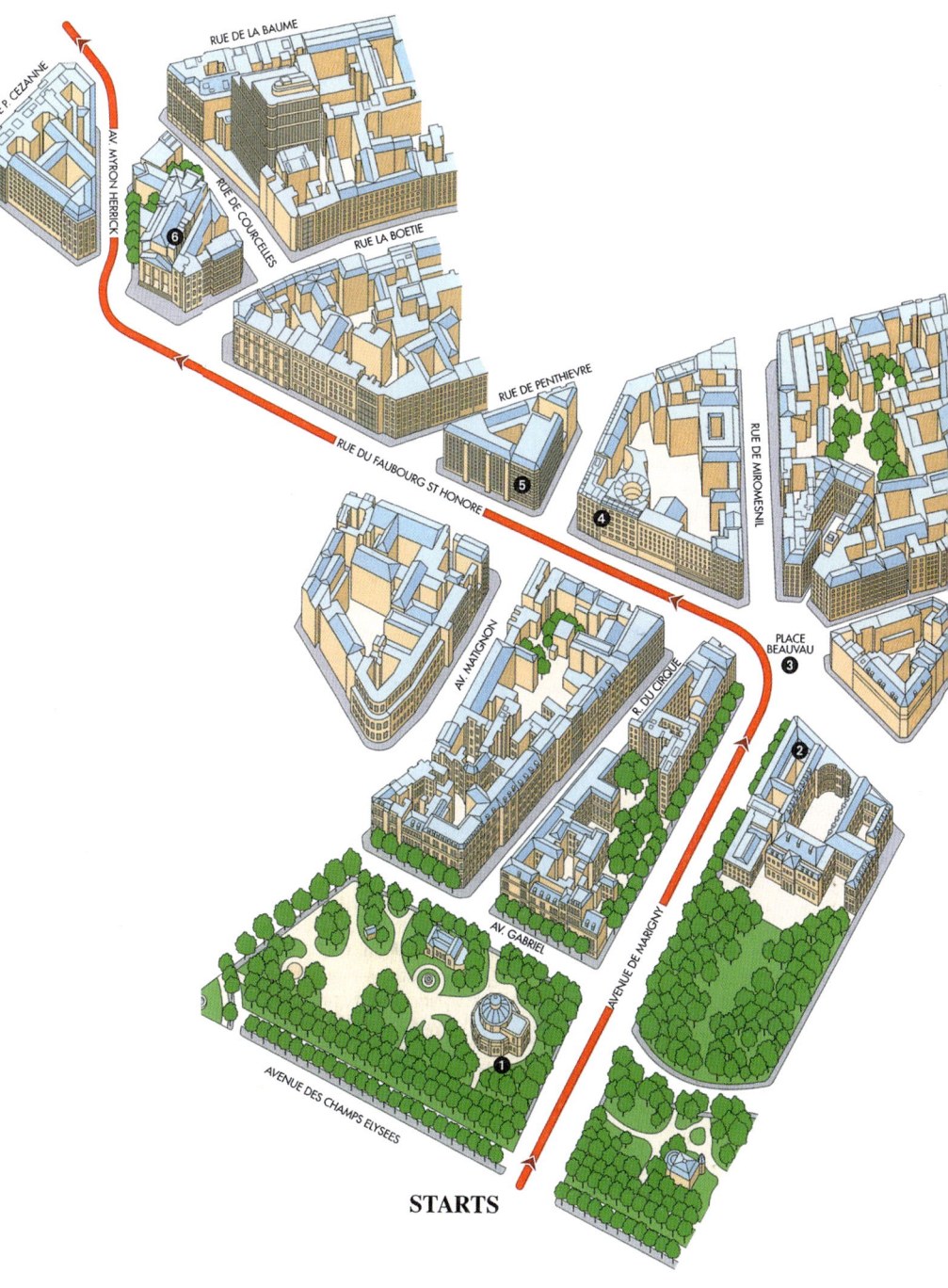

보 저택 옆으로 난 짤막한 골목 소사이에 거리rue des Saussaies는 지금의 세련된 도시 풍경을 봐서는 상상하기 힘들지만, 18세기에 수양버들 saussaies이 줄지어 늘어서 있던 곳이다. 또한 이곳 11번지에는 제2차 세계대전 중 독일 게슈타포 본부가 있었다.

❹ 화려한 포부르 생토노레 거리rue du Faubourg Saint-Honoré의 대저택 중 하나는 1920년대 최고급 호텔 브리스톨 호텔Hôtel Le Bristol을 건설하기 위해 철거되었다. 이곳은 프랑스 대통령을 방문한 각국 대사들이나 고위 공직자들이 주로 묵는다. 2개의 고풍스러운 연회장과 편안하고 친근한 바, 실크 침구를 갖춘 침실, 대리석 욕실과 맨 꼭대기 층의 수영장 등 파리에서 가장 고급스러운 호텔이라 불리기에 손색없다.

❺ 포부르 생토노레 거리 18번지의 예술 서적 전문 서점 줄리앙 코르닉 Jullien Cornic은 한번 들어갔다 하면 쉽게 발이 떨어지지 않는 파리의 명소였다. 다양한 언어의 온갖 예술 서적을 전문으로 취급하던 이곳은 안타깝게도 문을 닫았다.

❻ 포부르 생토노레 거리는 유명한 패션과 예술의 거리답게 첨단 유행 부티크와 아트 갤러리가 봇물을 이룬다. 하지만 거리를 나아갈수록 부티크와 갤러리는 뜸해지다가 생필리프뒤룰 성당Église Saint-Philippe-du-Roule에 다다를 때 즈음에는 그 흔적도 찾아볼 수 없다. 이 성당은 개선문을 설계한 장프랑수아테레즈 샬그랭Jean-François-Thérèse Chalgrin, 1739~1811이 1784년경에 신고전주의 양식으로 설계하였다.

프랑스 대통령 관저로 사용되고 있는 엘리제 궁전(위)과 생필리프뒤룰 성당(아래).

자크마르앙드레 미술관 외관과 내부 전시 모습.

❼ 성당을 지나 오스만 대로Boulevard Haussmann까지 곧장 나아간다. 19세기 오스만 대로가 완성되자마자 파리의 대부호들은 이곳에 앞 다투어 화려한 고급 대저택을 건설했다. 그중 1875년 은행가 에두아르 앙드레Édouard André, 1833~1894가 건설한 아름다운 앙드레 저택Hôtel André이 특히 빼어나다. 앙드레는 초상화가 자크마르Nélie Jacquemart와 결혼했는데, 당시 평범한 외모에 사회 계급도 낮은 40대 여성과 대 은행가의 결혼은 파리 사교계를 깜짝 놀라게 했었다.

앙드레와 자크마르 부부는 유럽과 아시아 지역을 두루 여행하며 엄청난 양의 예술품을 수집했다. 앙드레가 먼저 세상을 떠났지만, 자크마르는 생전에 남편과 약속한 대로 대저택과 소장 예술품 모두를 프랑스 학술원Institut de France에 기증하였다. 그리하여 1913년 탄생한 것이 바로 자크마르앙드레 미술관Musée Jacquemart-André이다.

자크마르는 예술에 대해 진정 탁월한 안목을 가졌다. 자크마르와 앙드레 부부는 숨겨진 보물을 찾아 유럽 전역을 샅샅이 뒤지고 다녔다고 한다. 그들은 뛰어난 회화 작품이나 조각품만 수집한 게 아니다. 거대한 태피스트리벽걸이 융단는 물론 아름답게 장식된 문틀이나 천장, 벽 등을 통째로 뜯어오기도 했다. 그중에는 베네치아 화가 티에폴로

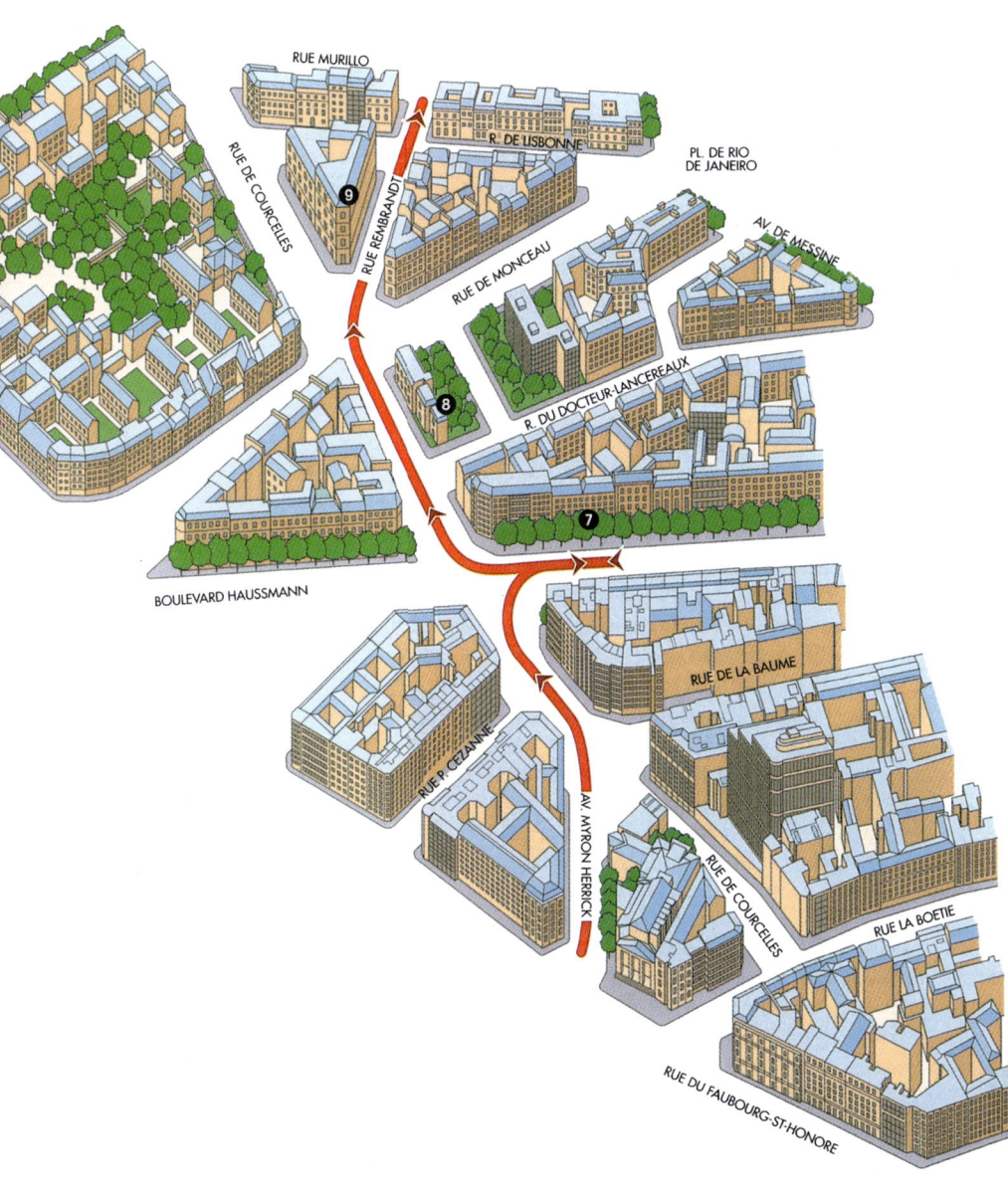

자크마르앙드레 미술관에 있는 파올로 우첼로의 작품 〈성 조지와 드래곤〉.

Giambattista Tiepolo, 1696~1770의 9미터가 넘는 거대한 프레스코 벽화도 있다. 지층의 사랑스러운 '겨울 정원'에는 화려한 원형 전시관 '그랑 살롱'과 이중 나선형 계단이 있다. 1층에서는 주로 렘브란트Rembrandt, 반 다이크Anthony van Dyck, 알프레드 부셰Alfred Boucher, 프란츠 할스Frans Hals, 프라고나르Jean-Honore Fragonard의 작품을 감상할 수 있다. 2층에는 부부가 특별히 마련한 이탈리아 전시관이 있다. 보티첼리Sandro Botticelli, 만테냐Andrea Mantegna, 코넬리아노Cima da Conegliano가 대표적이다. 그중에서도 무엇보다 아름다운 작품은 파올로 우첼로Paolo Ucello, 1397~1475의 유명한 회화 〈성 조지와 드래곤〉이다. 부부의 화려하면서도 조화로운 침실들과 그들이 아침을 먹곤 했던 작은 응접실도 관람할 수 있다.

오늘날 자크마르앙드레 미술관은 파리에서 가장 사랑 받는 미술관 중 하나다. 티에폴로의 천장 벽화와 '아킬레스의 삶'을 묘사한 태피스트리가 있는 식당 방은 현재 우아한 카페로 재탄생했다. 가벼운 점심 식사나 차와 커피를 즐기며 개인의 엄청난 부와 '비싼' 취미 생활이 어떻게 사회에 훌륭하게 환원될 수 있는지 감상해 보자.

❽ 찰스 디킨스Charles Dickens, 1812~1870가 스위스 로잔에서 쓰기 시작한 소설 《돔비와 아들Dombey and Son》은 파리에서 탈고되었다. 그해 11월 디킨스 가족이 파리로 이사했기 때문이다. 디킨스가 폴 돔비Paul Dombey의 죽음을 집필한 곳은 쿠르셀 거리rue de Courcelles 38번지였다. 디킨스가 샤토브리앙Chateaubriand, 뒤마Dumas, 라마르틴Lamartine, 위고Hugo와 같은 프랑스 문인들과 친분을 튼 곳도 바로 이곳이다.

❾ 쿠르셀 거리와 렘브란트 거리rue Rembrandt가 만나는 지점에는 전혀 예상치 못했던 광경이 기다리고 있을 것이다. 바로 파고다 지붕을 얹은 5층짜리 중국식 붉은색 건물이다. 아시아 골동품을 취급하던 중국인 예술상 루Loo가 1922년에 건설한 것으로, 루는 1957년에 숨을 거두었지만 C.T. 루 에 콩파니C.T. Loo et Compagnie는 여전히 이곳에서 골동품과 예술품을 거래하고 있다.

1900년에 건설된 렘브란트 거리 7번지 건물은 우아한 창문이 인상적이다. 반면, 1번지 건물은 섬세하게 세공된 목재 정문이 아름답다. 렘브란트 거리를 따라 곧장 나아가면 초록빛으로 유혹하는 몽소 공원의 작은 입구가 나온다.

C.T. 루 에 콩파니.

금박으로 화려하게 장식한 몽소 공원의 철제문.

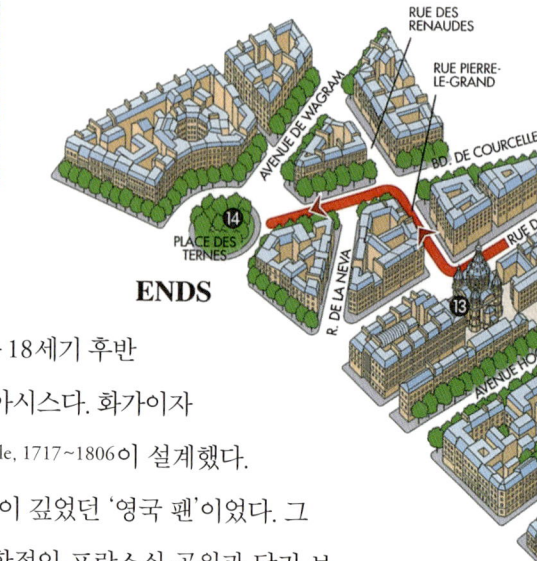

⓾ 변화무쌍한 몽소 공원Parc de Monceau은 18세기 후반 오를레앙 공작이 건설한 도심 속 오아시스다. 화가이자 작가인 카르몽텔Louis Carrogis Carmontelle, 1717~1806이 설계했다. 카르몽텔은 영국의 조지 4세와 친분이 깊었던 '영국 팬'이었다. 그 덕분에 파리 시내 한가운데에 기하학적인 프랑스식 공원과 달리 보다 자연스러운 영국식 공원이 탄생하였다. 몽소 공원에는 고대 양식의 기둥과 오벨리스크, 아치 통로, 무덤, 반원형 코린트식 열주 등과 같은 독특한 조형물이 여기저기 흩어져 있다. 모두 18세기 말 '귀족적 유치함'의 유산이다. 가능하다면 프랑스 작가들과 음악가들의 벨 에포크아름다운 시절 기념비 6개도 찾아보자. 공원 중앙에는 인공으로 조성한 돌 언덕이 있다. 언덕 한쪽은 흐드러진 꽃밭이고, 다른 한쪽은 작은 인공 폭포가 조성되었다. 아이들을 위한 그네와 회전목마, 아이스크림 가게도 있다. 주말이면 가족 단위로 나들이를 즐기는 파리 시민으로 붐빈다.

⓫ 벨라스케스 거리avenue Velasquez의 출구로 공원을 빠져나오면 오른편에 아시아 예술품을 전시한 세르누쉬 미술관Musée Cernuschi이 있다. 이탈리아 밀라노 출신의 은행가 앙리 세르누쉬Henri Cernuschi, 1821~1896가 남긴 소장품과 저택을 기반으로 1898년에 문을 열었다. 주로 중국

과 일본 골동품과 예술품을 전시하는데, 그 시대적 범위는 선사 시대까지 거슬러 올라간다. 그중에서도 가장 눈에 띄는 작품은 먹과 붓으로 표현한 13세기 동양화다. 나뭇가지에 앉은 새 1마리를 통해 섬세함과 단순함이 결합된 동양의 미학을 읽을 수 있다.

⑫ 말르셰르브 대로boulevard Malesherbes에서 우회전한 다음, 몽소 거리rue de Monceau에서 다시 우회전한다. 63번지 카몬도 저택Hôtel Camondo에 개인이 국가에 바친 또 다른 박물관, 니심 드 카몬도 박물관Musée Nissim de Camondo이 있다. 모든 소장품은 당시 최고 은행가였던 유대인 모세 드

니심 드 카몬도 박물관.

카몬도Moïse de Camondo, 1860~1935의 개인 수집품이다. 카몬도는 세상을 떠나면서 모든 소장품과 저택을 제1차 세계대전에 참전하여 목숨을 잃은 아들 니심Nissim의 이름으로 국가에 기증했다.

1912년, 베르사유 궁전의 프티 트리아농Petit Trianon 별궁을 모델로 지어진 카몬도 대저택은 18세기 가구와 도자기, 회화, 장식 소품으로 가득하다. '과유불급'의 의미를 끊임없이 되새기게 되고, 누구나 이러한 '고풍스런' 취향을 선호하는 것은 아니겠지만 하나하나 보는 것마다 모두 갖고 싶어질 만큼 박물관은 매력적인 장소다. 저택의 부엌은 1914년 당시 최첨단 기술이었던 무쇠를 이용해 설계되었다. 이곳에 서면 마치 과거로 되돌아 간 듯한 비현실감이 한층 더 강화된다. 오늘날에 비해 정말 작은 모세와 니심의 침실과 구식 엘리베이터, 푸른색과 흰색 타일로 장식한 욕실 등 모든 가구와 장식도 예전 그대로 제자리에 있다. 카몬도 가문의 유물과 사진, 그림으로 꾸며진 전시실도 있다. 그곳에서 아우슈비츠에서 목숨을 잃은 카몬도의 딸과 사위, 두 손자의 사진을 보면 가슴이 뭉클해진다. 월요일과 화요일은 정기 휴일이다.

⓭ 몽소 거리를 계속 나아가다가 리우데자네이루 광장place de Rio de Janeiro
에서 다시 몽소 공원으로 들어간다. 공원을 산책하다가 콩테스 드 세
귀르 산책길allée Comtesse de Segur을 따라 반 다이크 거리rue Van Dyck로 나
간다. 금박으로 화려하게 장식한 공원의 철제문을 마지막으로 한 번
더 돌아보는 것도 잊지 말자. 반 다이크 거리 5번지의 네오바로크 양
식 대저택은 초콜릿 제조업자 에밀 메니에르Emile Menier가 건설한 것
이다. 오셰 거리avenue Hoche를 내려다보면 멀리 개선문이 눈에 들어온
다. 쿠르셀 거리rue de Courcelles에서 우회전한 다음, 다루 거리rue Daru에
서 좌회전하면 또다시 뜻밖의 장관과 마주하게 된다. 바로 5개의 황
금빛 돔을 얹은 러시아 정교회 생 알렉상드
르 네브스키 대성당Cathédral St Alexandre Nevsky
이다. 1921년, 피카소가 첫 번째 부인 올가 코
클로바Olga Khoklova, 1891~1954와 결혼식을 올
렸던 곳으로, 코클로바는 당시 러시아 발레
단의 무용수였다. 대성당 주변으로 러시아
식당과 서점, 찻집, 학교는 물론 무용 학원까
지 작은 러시아 이민 사회가 발전하였다.

러시아 정교회 대성당.

⓮ 테른 광장place des Ternes은 화려한 꽃집과 유서 깊은 레스토랑 브라세
리 로렌Brasserie Lorraine으로 유명하다. 특히 브라세리 로렌은 기품 있는
귀부인이 꼿꼿한 자세로 차를 음미하기에 딱 맞는 고풍스러운 분위
기다. 음식도 평균 이상으로 훌륭하다.전화문의: 01-5621-2200

도심 속 오아시스로 각광받는 몽소 공원.

8 _ Around the Grands Boulevards

그랑 불바르를 따라:
화려함과 사치의 거리

루아얄 거리와 방돔 광장 사이에 난 얼마 안 되는 거리는 샤넬 향기로 가득하고 보행자 도로는 고급 하이힐의 굽 소리로 울려 퍼진다. 번쩍번쩍한 다이아몬드에 유명 디자이너의 의상을 입은 사람들은 줄지어 선 명품 매장이나 고급 베이커리 라두레, 최고급 레스토랑 루카카르통, 또는 화려한 리츠 호텔 안으로 사라졌다 나타났다 한다. 이번 코스에서 만나는 최첨단 패션 매장과 최고급 레스토랑, 최상급 호텔들은 평범한 사람들은 상상도 할 수 없을 만큼 사치스럽다. 그러나 이곳이야말로 바롱 오스만이 가장 심혈을 기울여 설계한 도시 구간이다. 오스만은 나폴레옹 3세Napoleon III의 승인 아래 좁고 지저분한 중세 골목을 싹 쓸어 버리고 격자 모양으로 장엄한 대로를 늘어놓았다. 마들렌 광장place de la Madeleine과 레퓌블리크 광장place de la République을 연결한 8개의 '넓은 대로' 그랑 불바르Grands Boulevards가 완성되었을 때, 최첨단 상점과 최고급 레스토랑들이 그랑 불바르를 순식간에 가득 채웠다. 그랑 불바르는 곧 파리에서 최신 유행을 선도하는 사교의 장으로 명성을 얻었다. 19세기까지 이 주변을 어슬렁거리던 멋쟁이들을 '불바르디에boulevardiers'라고 부를 정도였다. 오늘날은 21세기 롤러브레이드 족들이 넓은 보도를 가득 메운다.

▶ 출발지 루아얄 거리
가장 가까운 메트로 역: 콩코르드

■ 도착지 리볼리 거리
가장 가까운 메트로 역: 콩코르드

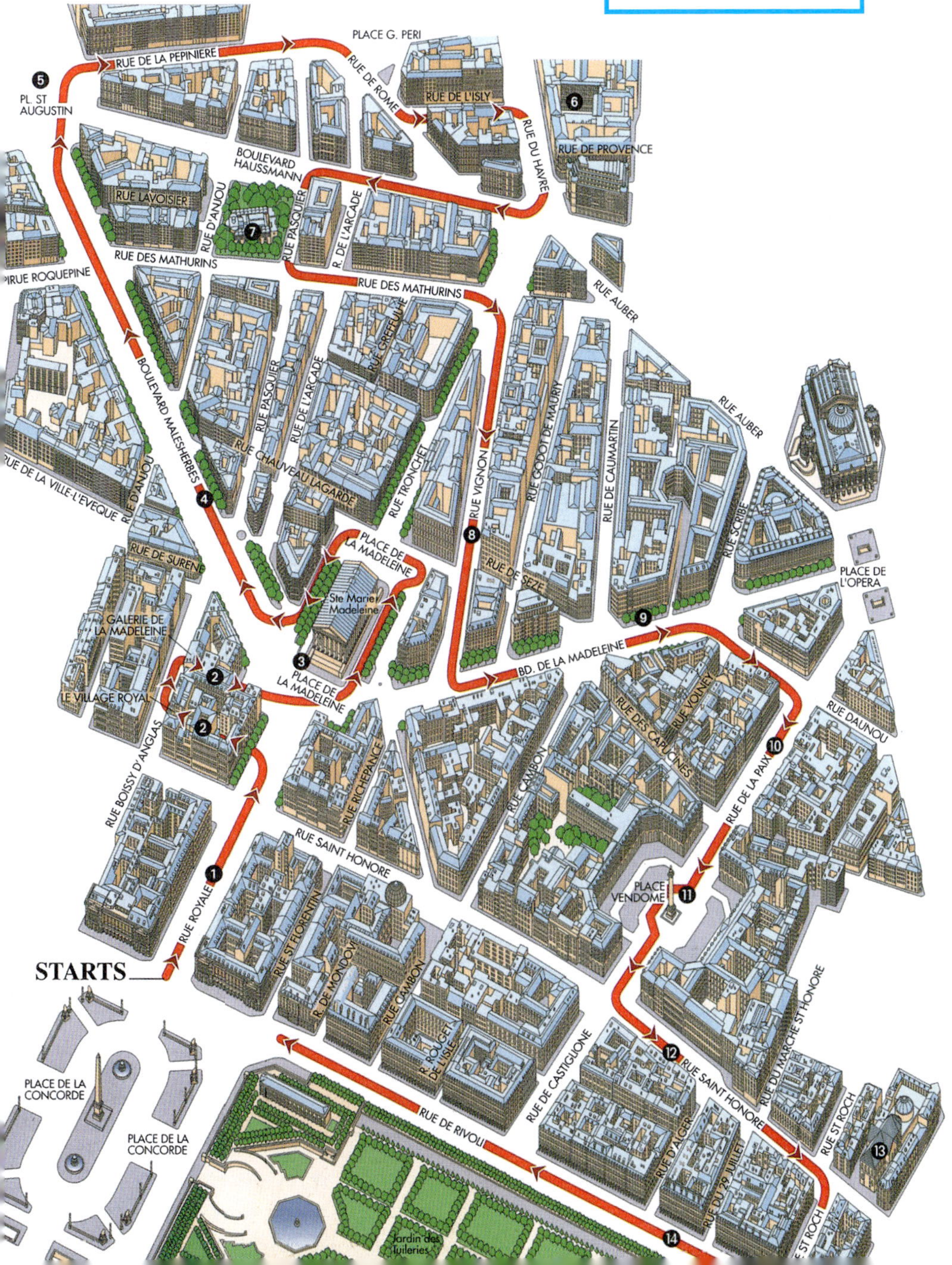

❶ 콩코르드 광장과 마들렌 광장을 잇는 루아얄 거리rue Royale는 이미 무너지고 없던 루이 8세의 성벽enceinte de Louis XIII을 따라 18세기에 건설되었다. 콩코르드 광장을 설계한 건축가 자크앙주 가브리엘Jacques-Ange Gabriel이 루아얄 거리의 대저택 건설에 협력하였다. 당시는 '아름다운 시대'로 일컬어지는 벨 에포크의 전성기였다. 지금도 이른바 '명품 족'은 루아얄 거리에서 돈을 펑펑 쓰고 다닌다. 디자이너 보석상 크리소플Chrisofle, 도자기와 크리스털 제품을 취급하는 베르나르두Bernardoud와 라리크Lalique, 그에 어울리는 화려한 꽃집 라쇼메Lachaume, 명품 아동 패션 매장 봉푸엥Bonpoint 등 매장이 끝없이 이어진다.

레스토랑 중에는 사교계 유명 인사들이 단골로 찾았던 루아얄 거리 3번지 맥심Maxim's이 단연 최고다. 이 건물은 17세기 정치가 리슐리외Richelieu가 한때 소유했었다. 1893년에 문을 연 맥심의 전성기는 벨 에포크와 함께 지나갔지만, 아르누보 양식의 아름다운 실내 장식은 여전히 구경할 만하다. 오늘날 맥심은 모나코와 제네바, 브뤼셀, 도쿄, 상하이 등지에 분점을 열었고, 다방면에서 사업을 확장 중이다.

루아얄 거리 16번지에는 유명한 고급 베이커리 라두레Ladurée가 있다. 라두레의 쇼윈도에는 마치 중력에 저항하듯 높은 원뿔 위에 맛있고 촉촉한 케이크들이 줄지어 서 있다. 라두레는 아름답고 세기말적인 '팽 드 셰클Fin de siècle' 카페를 겸하고 있다. 달콤한 마카롱을 처음 개발한 곳이기도 하다. 다양한 맛과 향을 담은 라두레 마카롱은 하루에도 수천 개씩 팔려나갈 정도로 인기 폭발이다.

❷ 생토노레 거리rue Saint-Honoré를 건너면 우측에 전혀 성격이 다른 두 골목이 펼쳐진다. 우선 빌라쥬 루아얄Le Village Royale은 한때 시테 베리에Cité Berryer로 불리던 야외 시장터였다. 고급 부티크와 카페가 들어선 오늘날의 세련된 건물들은 1994년에 개조된 결과다. 또 다른 골목

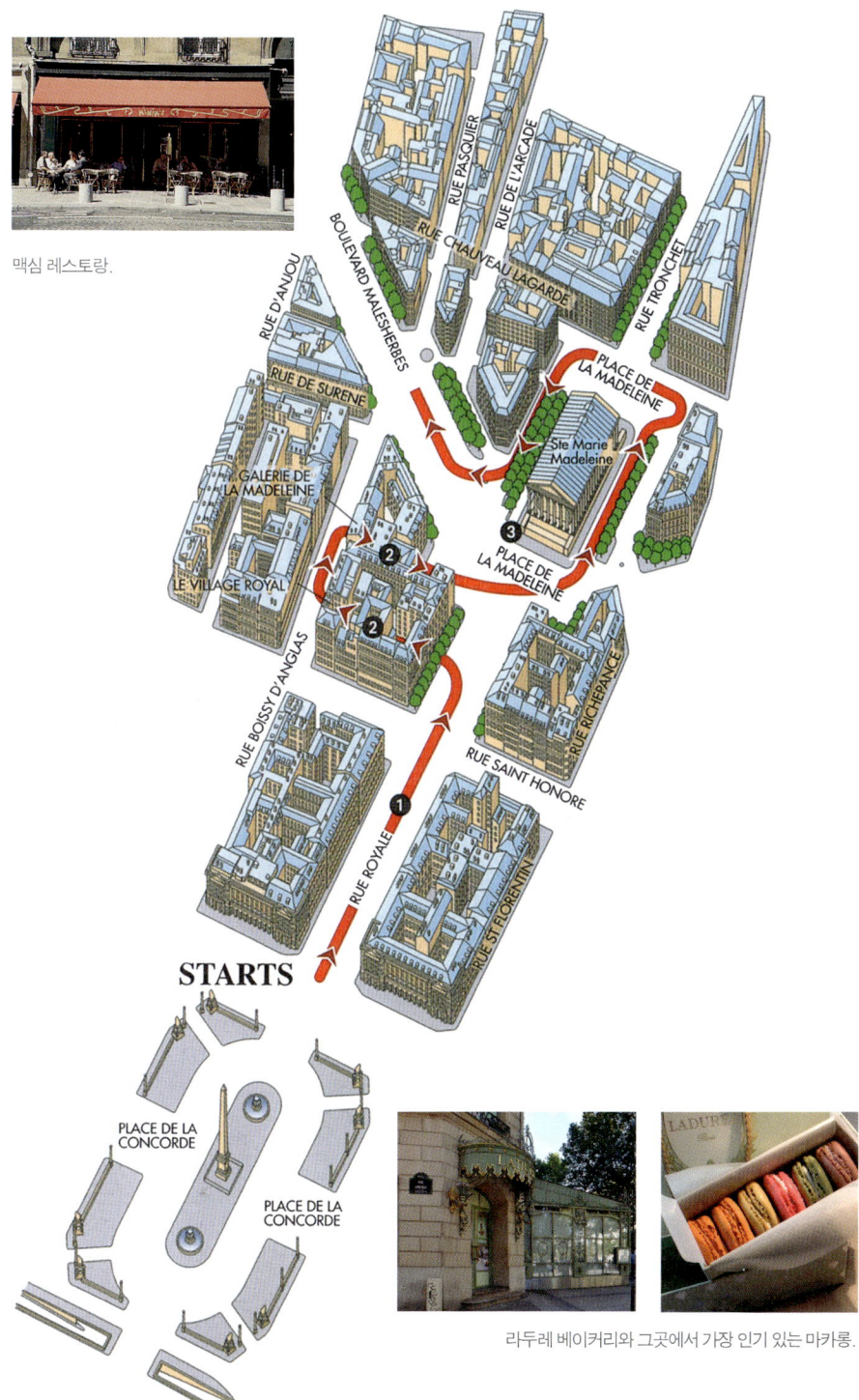

맥심 레스토랑.

라두레 베이커리와 그곳에서 가장 인기 있는 마카롱.

신고전주의 양식의 마들렌 성당 외관과 내부 모습.

갈르리 드 라 마들렌Galerie de la Madeleine은 19세기에 건설된 실내 쇼핑몰 중 하나로 그때나 지금이나 거의 같은 모습이다.

❸ 마들렌 광장place de la Madeleine의 백미는 누가 뭐라 해도 역시 마들렌 성당L'église de la Madeleine이다. 코린트 양식의 웅장한 열주로 둘러싸인 '라 마들렌애칭'은 고대 로마 신전을 모델로 설계되었다. 건설은 1764년에 시작되었지만 성당으로 봉헌된 것은 1842년이다. 그 과정에 여러 차례 우여곡절을 겪었는데, 나폴레옹 군대의 기념비에서 은행까지 그 목적도 수차례 변경되었다. 성당 실내를 보면 그러한 갈등과 혼란의 흔적이 여실히 남아 있다. 하지만 대리석과 금박으로 장식한 화려한 실내는 고대 신전 양식의 외향에서 상상할 수 없었던 관능미를 자랑한다. 아름다운 조각 작품도 많이 품고 있다. 마들렌 성당을 최고로 즐길 수 있는 방법은 성당에서 자주 열리는 훌륭한 음악회에 참석하는 것이다. 마들렌 성당에서 나와 정면을 바라보면 저만큼 콩코르드 광장과 부르봉 궁전Palais Bourbon이 보인다. 마들렌 성당과 부르봉 궁전은 쌍둥이처럼 똑같이 설계되었으며, 마들렌 광장과 콩코르드 광장을 사이에 두고 완벽한 대칭으로 마주보고 있다.

성당을 나와 왼편으로 돌아가면 파리에서 가장 아름다운 공중화장실

이 있다. 밝은 타일과 광택 나는 마호가니, 꽃무늬가 소용돌이치는 스테인드글라스 등 아르누보 양식으로 멋지게 치장했다. 화장실 입구 근처에는 화요일을 제외한 매일 아담한 꽃 시장이 선다. 한편, 마들렌 광장은 미식가들의 천국이기도 하다. 식도락을 완벽하게 완성할 수 있는 특별한 식료품점이 즐비한데, 대표적으로 캐비아 카스피아Caviar Kaspia와 라 메종 드 라 트뤼프La Maison de la Truffe, 최고의 라이벌인 에디아르Hédiard와 포숑Fauchon이 있다. 흰 철갑상어 캐비아에서 돔 페리뇽 와인까지 없는 게 없다. 물론 가격도 그만큼 비싸다. 입맛을 돋우는 아이쇼핑만이라도 놓치지 말자. 식욕이 생긴다면 근사한 와인 바와 예쁜 마당이 있는 레클뤼스L'Ecluse에서 점심 식사를 하면 좋다. 전화문의: 01-4263-3469

마들렌 광장을 떠나기 전 꼭 한 번 봐야 할 곳이 있다. 바로 9번지 레스토랑 루카카르통Lucas-Carton이다. 전화문의: 01-4265-2290 루카카르통은 마조렐Majorelle의 아르누보 가구로 꾸민 환상적인 벨 에포크 양식 실내와 미슐랭 가이드 등급에서 가장 높은 별 3개를 자랑했었다. 또한 프랑스 최고의 요리사 중 하나인 알랭 상드랑Alain Senderens이 저칼로리에 소식小食을 강조한 현대 프랑스 요리 '누벨 퀴진nouvelle cuisine'을 탄생시킨 전설적인 곳이다.

알랭 상드랑은 1985년부터 루카카르통의 주방장이었는데, 미슐랭 가이드의 별 3개 등급을 반납해 큰 화제가 되었다. 반납 이유는 미슐랭의 가이드라인을 맞추려면 음식 값이 너무 비싸지기 때문이라는 것이었다. 2014년 알랭 상드랑이 루카카르통을 떠나고 현재는 줄리앙 뒤마Julien Dumas 셰프가 주방을 책임지고 있다.

❹ 바롱 오스만의 거대한 직선 도로 중 하나인 말르셰르브 대로boulevard Malesherbes는 마들렌 광장에서 생아구스탱 광장place Saint-Augustin까지 탁 트인 전망을 자랑한다. 대로에는 19세기 후반 부르주아지가 한껏 부를 과시했던 화려한 대저택들이 줄지어 서 있다. 특히 6번지 저택은 유명한 '마르텔 브랜디'를 탄생시킨 마르텔Martel 가문이 살았던 곳이다.

❺ 호화로운 말르셰르브 대로의 대미는 프랑스 제2제정1852~1870 때 세워진 생아구스탱 광장place Saint-Augustin과 웅장한 생아구스탱 성당L'église Saint-Augustin이 장식하고 있다. 성당 앞지도 밖에는 열정적인 잔 다르크의 기마상이 서 있다. 조각가 폴 뒤부아Paul Dubois, 1829~1905의 작품이다.

생아구스탱 광장의 잔 다르크 동상.

❻ 부르스 궁전Palais de la Bourse을 설계한 촉망받던 건축가 브롱냐르Alexandre-Théodore Brongniart, 1739~1813는 1780년, 신고전주의 양식의 멋들어진 카푸친카퓌신 수도원도 설계한 바 있다. 한때 병원으로 쓰였던 수도원은 후에 명문 고등학교로 변경되었고, 주변 부르주아지들에게 큰 인기를 끌었다. 오늘날 파리 9구 아브르 거리rue du Havre 8번지에 있는 리세 콩도르세Lycée Condorcet가 그 주인공이다. 오스만에서 프루스트까지 부와 권력, 명예를 거머쥔 쟁쟁한 집안의 출석 호명이 신성한 배움의 전당에 울려 퍼지곤 했다.

리세 콩도르세 옆은 흥미로운 전시 공간이며, 조그만 구내식당이 있다. 전시장의 서늘하고 밝은 통로는 생 루이 단탱 성당Église Saint Louis d'Antin Paris으로 이어진다. 이전 수도원의 예배당으로 정문은 코마르탱 거리rue Caumartin에 있다. 날씨가 좋은 날이면 오스만 대로boulevard

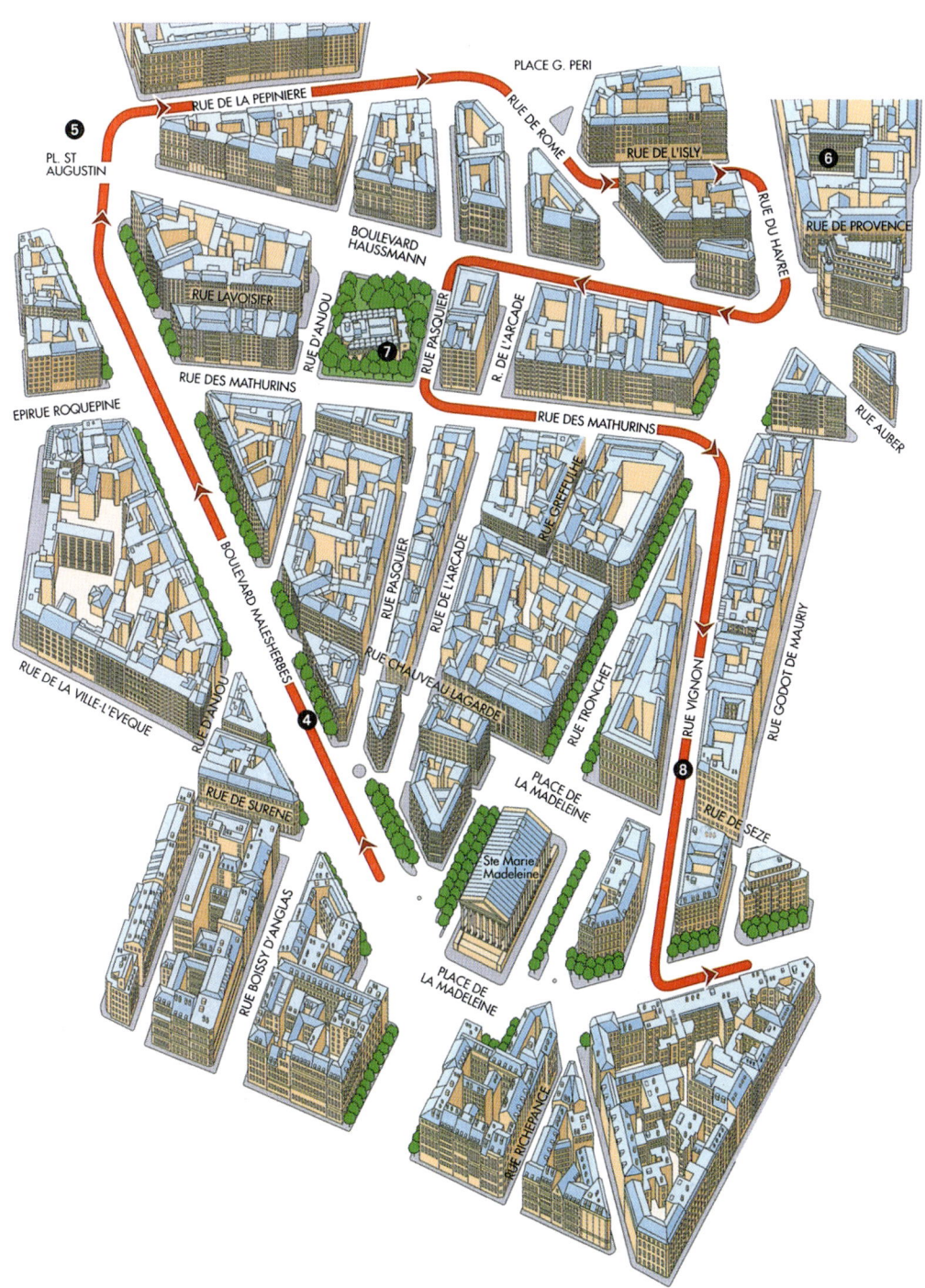

속죄의 예배당이 있는 루이 16세 광장

Haussmann의 여느 가게에서 샌드위치를 사고 파리의 얼굴을 바꾼 길 이름의 주인공 오스만을 생각해 보며 대로를 따라 걷다 루이 16세 광장square Louis XVI에서 점심을 먹는 것도 좋겠다.

❼ 파리의 얼굴을 완전히 뜯어고친 위대한 도시 건축가를 기념하며 오스만 대로를 따라 생아구스탱 광장 방향으로 걸어가자. 어느 순간 왼편에 조그만 도심 속 오아시스 루이 16세 광장square Louis XVI이 나타난다. 무성한 수풀과 키 큰 나무 그늘 사이로 수많은 벤치가 놓여 있는 평화로운 공원이다. 그러나 이 사랑스러운 공원은 소름 끼치는 과거를 품고 있다. 프랑스 대혁명 이후 단두대의 이슬로 사라진 수천 명의 희생자들이 이곳에 있었던 마들렌 공동묘지Madeleine Cemetery에 매장되었기 때문이다. 루이 16세*와 마리 앙투아네트**의 시신도 처형 후 이곳에 묻혔다. 그 직전에 마담 투소Madame Tussaud가 몰래 잠입하여 비운의 왕과 왕비의 '데스 마스크death mask'를 뜬 일화도 유명하다.

19세기 초 루이 16세의 동생 루이 18세Louis XVIII, 1755~1824가 왕위에 올랐을 때, 새 왕은 루이 16세와 마리 앙투아네트의 시신을 생드니 대성당으로 이장시켰다. 그리고 그들을 추모하기 위해 건축가 피에르 퐁텐Pierre Fontaine, 1762~1853에게 속죄의 예배당Chapelle Expiatoire을 건설케 하였다. 조그마한 원형 예배당은 오늘날 왕족의 사당으로 기능하고 있다. 루이 16세와 마리 앙투아네트의 동상에는 그들이 처형되기 전에 마지막으로 남긴 말이 새겨져 있다. 그 말들을 읽다 보면 왕과 왕비도 우리와 다름없는 사람이었음을 조금씩 깨닫게 된다. 작고 음울한 지하묘지에는 루이 16세의 시신이 발견된 곳에 설치한 제단이 있다. 예배당 마당의 무덤들은 1792년 튈르리 궁전이 공격받았을 때 목숨을 잃은 스위스 용병들의 안식처다. 예배당은 화요일부터 토요일까지 오후 1시와 5시 사이에 개방된다.

❽ 비뇽 거리rue Vignon의 테마는 식도락이다. 특히 24번지의 라 메종 뒤 미엘La Maison du Miel은 백리향, 라벤더, 유칼립투스 등 다양한 종류의 꿀을 판매한다. 근처의 듀오 트리오Duo Trio는 차와 초콜릿을 전문으로 취급한다. 선물용 포장 판매가 특히 인기가 좋다.

비뇽 거리의 라 메종 뒤 미엘.

....

* 루이 16세Louis XVI, 1754~1793: 프랑스 부르봉 왕조의 왕. 루이 15세의 뒤를 이어 왕위에 올랐으나 유약한 성격으로 프랑스혁명의 단초를 제공한다. 재정개혁을 단행하기 위해 삼부회를 소집하였으나 입헌군주제 수립을 추진하던 중 프랑스혁명이 일어나 민중의 감시하에 생활하다 기요틴의 이슬로 사라졌다.

** 마리 앙투와네트Marie Antoinette d'Autriche, 1755~1793: 오스트리아의 여왕 마리아 테레지아의 막내딸로 태어나 14세에 루이와 결혼, 프랑스 황태자비가 되었다. 1774년 루이 15세 사망 후 루이 16세가 왕위에 오르자, 프랑스 왕비가 되어 사치와 향락의 여왕으로 이름을 날렸다. 프랑스혁명 이후 국고를 낭비한 죄와 반혁명을 시도하였다는 죄명으로 처형되었다.

❾ 카퓌신 대로boulevard des Capucines 28번지의 파리 올림피아Paris Olympia는 에디트 피아프Édith Piaf와 이브 몽땅Yves Montand 같은 유명 가수와 비틀스, 레드 제플린 같은 전설적인 밴드가 연주하던 공연장이다. 오늘날에도 기라성 같은 가수와 밴드가 연주하는 파리 최고 공연장의 명성을 이어가고 있다. 39번지 카퓌신프라고나르 박물관Théâtre-Musée des Capucines-Fragonard은 1993년에 설립된 사립 향수 박물관이다. 고대 방향제에서부터 아름다운 리모주 도자기 병, 향수를 뿌리는 여인들 그림까지 향수와 향수 산업에 관한 3,000여년의 역사를 전시하고 있다.

올림피아 콘서트홀.

❿ 도누 거리rue Daunou를 내려가면 5번지에 미국인들이 즐겨 찾는 해리즈 바Harry's Bar가 있다. 이곳에 있던 카푸친카퓌신 수도원 성당은 1806년 페 거리rue de la Paix를 만들기 위해 철거되었다. 19세기 말경 페 거리는 최신 유행을 선도하는 의류점과 보석상들이 즐비한 파리에서 가장 우아하고 세련된 패션의 거리로 명성을 떨쳤다. 카르티에 같은 명품 매장은 전통과 역사를 자랑하며 여전히 페 거리를 지키고 있다.

⓫ 향기로운 향수점으로 가득한 페 거리를 따라 방돔 광장place Vendôme에 도달하면, 광장마저 온갖 향기가 묻어나는 것 같다. 루이 14세 때 건축가 쥘 아르두앵망사르Jules Hardouin-Mansart, 1646~1708가 설계한 방돔 광장은 섣불리 형용할 수 없는 아름다움을 내뿜고 있다. 완벽한 짜임새로 광장을 둘러싼 17세기 건물들은 오늘날 유명 명품 보석 매장과 세련된 패션 상점들이 차지한다. 다소 논쟁의 여지가 있긴 하지만 세상에서 가장 유명한 최고급 호텔이라 할 수 있는 리츠 호텔Ritz Paris도 이곳 15번지에 있다. 1898년에 설립된 파리의 리츠 호텔은 전 세계에

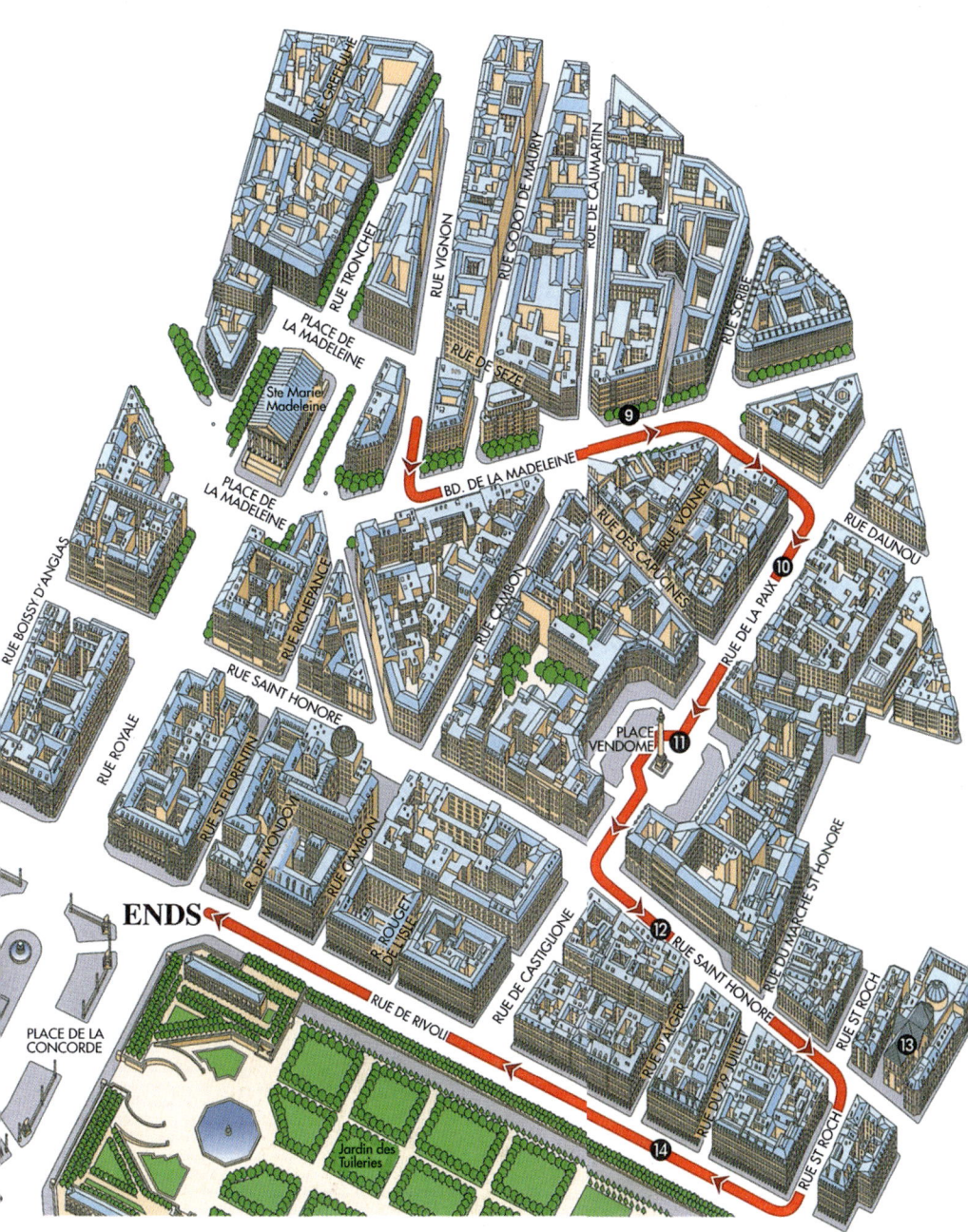

세련된 상점이 자리 잡은 17세기 건물로 둘러싸인 방돔 광장.

체인망을 두고 있는 호텔 제국의 모태라 할 수 있다.

광장에서 가장 인상적인 부분은 중앙에 우뚝 서 있는 방돔 탑Colonne Vendôme이다. 방돔 탑은 나폴레옹의 오스테를리츠 전투 승리를 기념하는 것으로 로마 황제복을 입은 나폴레옹 동상으로 꼭대기를 장식했다. 로마의 트라야누스 기념주Trajan's Column를 모방한 것이다. 적의 무기를 녹여 만든 청동으로 오스테를리츠 전투 장면을 묘사한 프리즈Frieze,건축물의 외면이나 내면, 기구의 외면에 붙인 띠 모양의 장식물가 나선형으로 탑을 휘감고 있다.

⓬ 호화롭고 세련된 상점들로 가득한 생토노레 거리rue Saint-Honoré와 포부르 생토노레 거리rue du Faubourg Saint-Honoré에 부유층이 '품위 유지'를 위해 필요한 모든 것이 다 있다. 겔랑, 고야드, 구찌, 에스카다, 에르메스, 랑방, 지방시, 발렌티노, 디오르, 페라가모, J. P. 토즈, 베르사체 등 패션계의 쟁쟁한 디자이너 브랜드와 '큰손'들은 모두 이 거리에서

만날 수 있다. 맛있는 샌드위치 가게 생 토노레 215번지215 St Honoré는 점심시간이면 파리 시민들로 발 디딜 틈 없이 분주하다.

❸ 생로슈 성당Église Saint-Roch 파사드에는 총알 구멍 자국이 선명하게 흩어져 있다. 나폴레옹이 1795년 최고사령관으로 승진하기 불과 며칠 전에 있었던 공화당파와 왕당파 간의 전투 흔적이다. 루브르 설계에도 참여했던 자크 르메르시에Jacques Lemercier, 1585~1654가 설계한 이 바로크 성당은 진귀한 예술품으로 가득한 보물 창고다. 특히 비엥Vien의 〈갈 족에게 설교하는 생 드니St Denis Preaching to the Gauls〉라는 작품이 유명하다. 이곳에 잠든 유명 인사로는 극작가 피에르 코르네이유Pierre Corneille, 1606~1684, 조경가 앙드레 르 노트르, 철학자 드니 디드로denis diderot, 1713~1784 등이 있다.

❹ 이번 걷기의 마지막 코스는 1800~1835년 산책로로 완성된 리볼리 거리rue de Rivoli다. 가지런하게 일렬로 늘어선 우아한 열주는 다양한 종류의 수많은 상점을 품고 있다. 그중에서도 224번지의 유서 깊은 서점 갈리냐니Galignani와 226번지의 고풍스런 찻집 안젤리나Angelina, 228번지의 호화로운 고급 호텔 뮤리스Le Meurice, 248번지의 영국 잡화점 W. H. 스미스W. H. Smith가 특히 유명하다.

9 _ From the Bourse to the Opéra Garnier

증권거래소에서
오페라 가르니에까지: 상업과 문화의 거리

▶출발지 카트르 셉탕브르 거리
가장 가까운 메트로 역: 부르스

■도착지 카퓌신 대로
가장 가까운 메트로 역: 오페라

오늘날도 부르스
Bourse, 증권거래소 지구

는 예전과 마찬가지로 금융 기관으로 가득하다. 무역회사와 은행, 증권사가 거리를 가득 메우고 있으며, 그에 어울리는 레스토랑과 와인 바가 뒤를 잇는다. 그러나 밤이 되면 이 지구는 전혀 다른 분위기를 띤다. 정장 차림의 무표정한 사업가나 회사원을 대신하여 오페라나 각종 공연을 보러 나온 문화인들과 외식을 즐기러 나온 시민들로 가득하다. 부르스 궁전에서 출발해 프랑스 최고 금융사 크레디 리요네와 프랑스 국립 도서관, 오페라 가르니에, 최고급 백화점들을 지나 스크리브 호텔까지 이어지는 이번 걷기 코스의 상당 부분은 바롱 오스만의 위대한 파리 재건의 한 부분이다. 과거의 부와 영광을 상징하는 기념비와 저마다 시선을 끌기 위해 경쟁하는 웅장한 건축물들 사이에 시간이 멈춘 듯한 작고 매력적인 골목과 통로들이 이어진다. 이러한 낡은 공간들은 거대하고 화려한 부르스 지구에서 더욱 특별한 매력을 발휘한다. 오스만의 무자비한 도시 정비에서 살아남은 구간은 얼마 되지 않지만, 이런 곳이야 말로 파리의 생생한 역사적 현장이라 할 만하다.

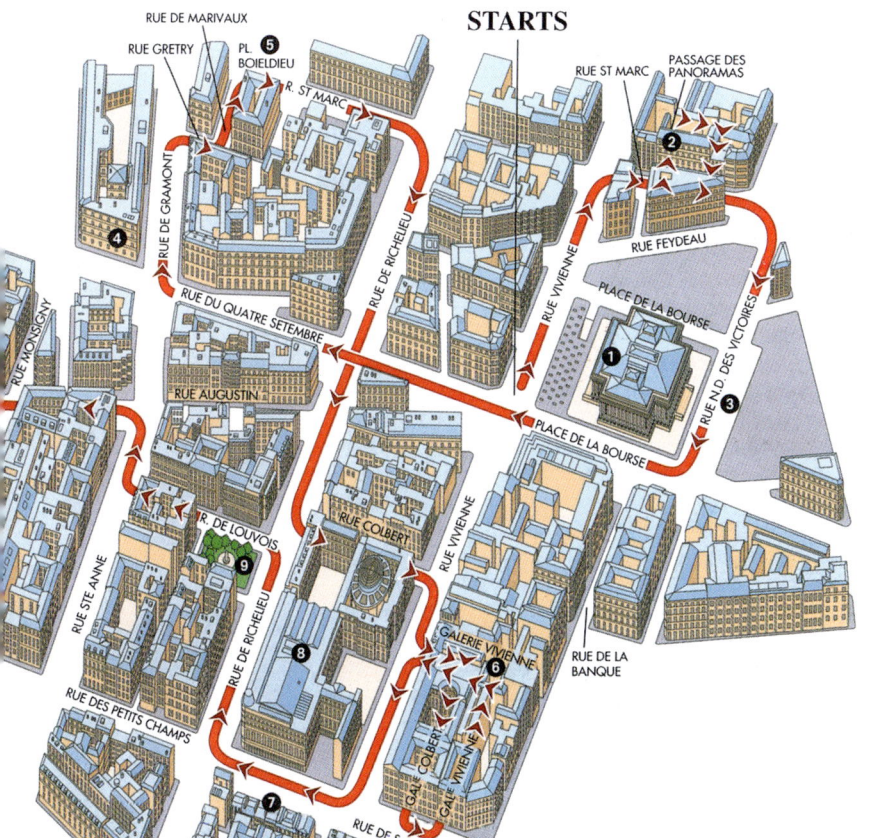

부르스 궁전.

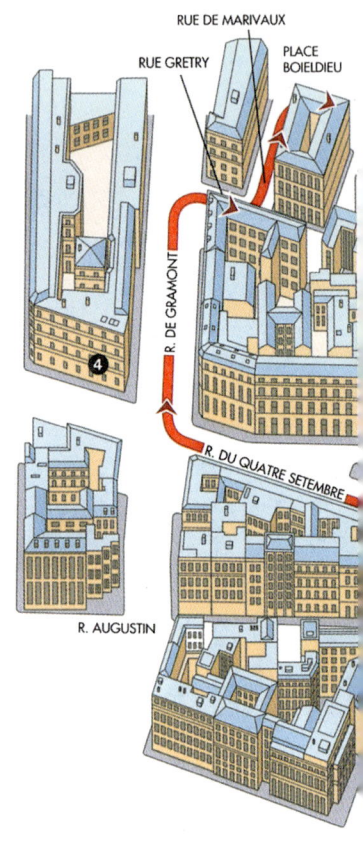

❶ 비비엔 거리rue Vivienne와 부르스 거리rue de la Bourse 교차로에 서면 드라마틱한 그리스 양식의 부르스 궁전Palais de la Bourse이 가장 잘 보인다. 원래 수녀원이 있던 자리에 나폴레옹이 상업의 신전으로 건설한 것이다. 알렉상드르테오도르 브롱냐르Alexandre-Théodore Brongniart, 1739~1813가 설계했다. 1987년 증권거래소는 다른 건물로 이전했지만, 이곳의 선물과 옵션 거래는 여전히 활발하다. 자본주의의 결정판이라 할 수 있는 증권 거래 현장은 가이드 투어를 통해서만 관람할 수 있다.전화문의: 01-4927-5550 비비엔 거리를 계속 나아가면 29번지에 1925년에 문을 연 인기 절정의 레스토랑 르 보드빌Le Vaudeville이 있다.전화문의: 01-4020-0462 대리석과 거울로 장식한 실내는 특히 점심시간에 사업가들로 들끓는다.

❷ 둥근 유리 지붕 아래 온갖 종류의 세련된 상점과 찻집이 집중적으로 늘어선 보행자 전용 쇼핑 아케이드는 19세기 초 패션 시장의 결정판이다. 실내 쇼핑몰은 쇼핑객들을 험한 날씨로부터 보호함으로써 쇼

부르스 궁전의 파수꾼.

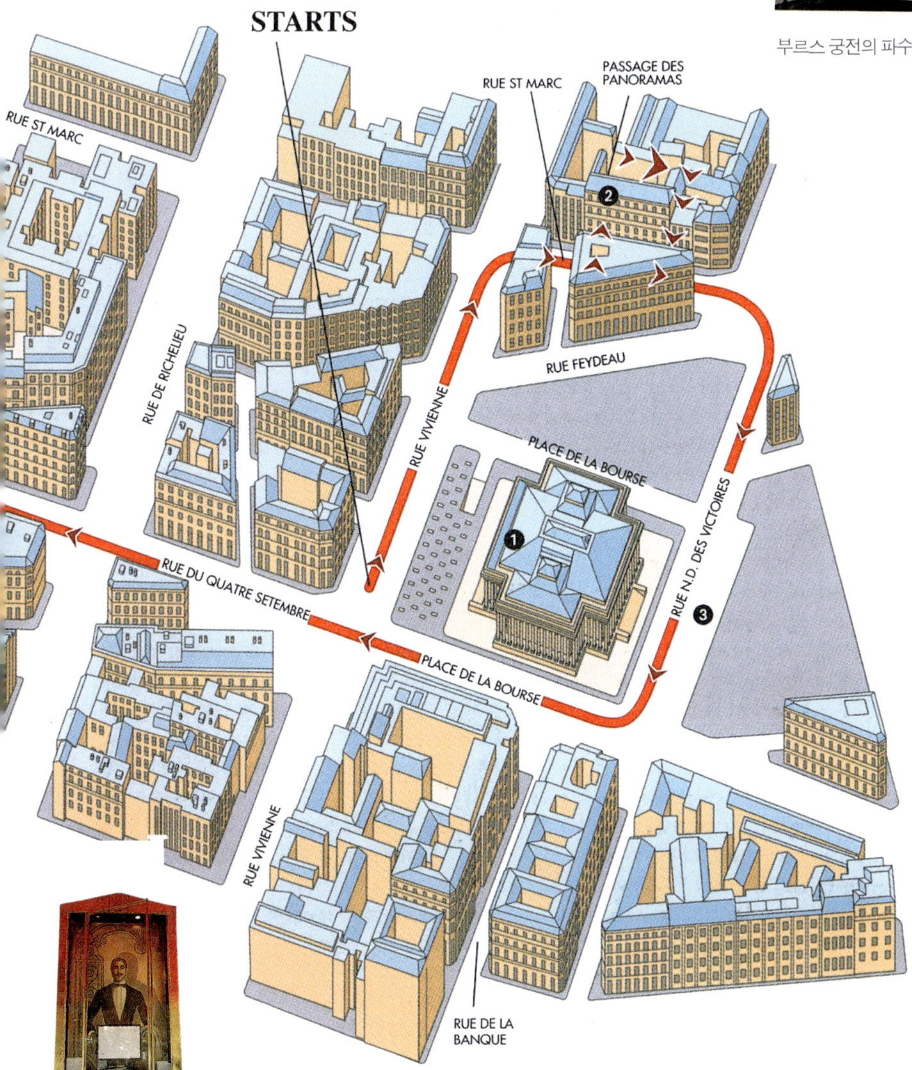

르 보드빌 레스토랑의
외부 간판.

파사주 데 파노라마의 입구와 실내 모습.

핑을 더욱 쉽고 편리하게 만들었을 뿐만 아니라, 쇼핑 행위 자체를 사교·사회 활동의 연장으로 부각시켰다. 파리에서 가장 유명한 실내 쇼핑몰은 아마 파사주 데 파노라마Passage des Panoramas일 것이다. 특히 큰 관심과 인기를 끌었던 미국 엔지니어 로버트 풀턴Robert Fulton, 1765~1815의 회전하는 '파노라마'는 영화의 선구자격이라 할 만하다. 생마르크 거리rue Saint-Marc의 입구로 들어가 파사주 데 파노라마는 물론 긴밀하게 연결된 다양한 아케이드를 탐험한다. 갈르리 생 마르크 Galeries St Marc, 갈르리 데 바리예테Galeries des Variétés, 갈르리 몽마르트 Galeries Montmartre, 파사주 페이도Passage Feydeau는 그 다양성에도 불구하고 19세기 분위기를 그대로 간직하고 있다. 파사주 데 파노라마 안에는 중고 서적과 우표, 문구류, 사진과 그림, 가구, 의류, 장난감 등 없는 것이 없다. 카페와 레스토랑도 빼놓을 수 없는데, 그중 57번지 라르브르 아 카넬L'Arbre à Canelle은 목가적 실내 장식이 인상적인 멋진 레스토랑이다.전화문의: 01-4331-6831

파사주 데 파노라마 끝에서 몽마르트르 대로를 건너면 그레뱅 박물관Musée Grévin이 있다.지도 밖 왁스 공예품을 전시하는 이곳은 또 다른 매력적인 실내 쇼핑몰 파사주 주프로이Passage Jouffroy의 일부다. 파사주

크레디 리요네 저택 외관과 내부 모습.

주프로이는 파사주 베르도Passage Verdeau와 연결된다. 모두 이번 걷기 코스에 포함되진 않지만 원한다면 얼마든지 방문할 수 있다.

❸ 노트르담 데 빅투아르 거리rue Notre Dame des Victoires의 수많은 음식점들은 점심시간에 엄청나게 붐빈다. 이 일대는 다양한 취향과 입맛, 주머니 사정을 만족시켜 주지만, 특히 '잘나가는' 금융업 종사자들이 고급 레스토랑에서 거액의 점심 값을 치르는 곳이기도 하다. 1876년, 40번지에 문을 연 갈로팽Gallopin은 비교적 저렴한 가격과 친근한 분위기 속에서 프랑스 음식을 맛볼 수 있는 전통 레스토랑이다. 전화문의: 01-4236-4538

❹ '9월 4일'을 뜻하는 거리 카트르 셉탕브르 거리rue du Quatre Sepembre를 따라가면 매력적인 18세기 아케이드 콜론 거리rue des Colonnes를 지난다. 그라몽 거리rue Gramont로 우회전하면 19세기 후반 구스타브 에펠Gustave Eiffel이 설계한 기념비적인 건축물 크레디 리요네 저택Hôtel du Crédit Lyonnais이 있다.

오페라 코미크.　　　　갈르리 비비엔.

❺ 오페라 코미크Opéra Comique의 고풍스러운 19세기 파사드를 가장 잘 감상할 수 있는 곳은 부아엘디외 광장place Boieldieu이다. 오페라 코미크는 '살 파바르Salle Favart'라고도 하는데, 파리에 '오페라 코미크'를 처음 소개한 18세기 이탈리아 극단에서 활동했던 프랑스 극작가이자 연출가 샤를시몽 파바르Charles-Simon Favart, 1710~1792의 이름을 딴 것이다. 오페라 코미크는 여전히 경가극이나 오페레타를 중심으로 상영한다. 이곳은 한때 이탈리아 극장이 있던 곳으로, 슈아젤 공작이 소유했던 거대한 대저택은 19세기에 두 차례나 화재로 무너졌다. 현재의 오페라 코미크 건물은 베르니에Bernier가 1894~1898년에 재건한 것이다.

❻ 리슐리외 거리rue de Richelieu를 따라 가다 왼편의 콜베르 거리rue Colbert를 통과하면 비비엔 거리rue Vivienne가 나온다. 아름다운 모자이크 바닥과 아케이드로 이루어진 환상적인 쇼핑몰 갈르리 비비엔Galerie Vivienne은 파리 '파사주실내 쇼핑 거리' 중 가장 밝고 경쾌하다. 갈르리 비비엔은 다른 파사주에 비하면 한참 뒤인 1923년에 들라노이F. J. Delannoy가 설계했다. 그러나 다른 파사주처럼 일반 서민과 특권층의 취향과 욕구를 모두 반영하는 부티크와 레스토랑으로 가득하다. 갈르리 비비엔 안에는 고전적인 양식으로 꾸민 또 다른 파사주 갈르리 콜베르

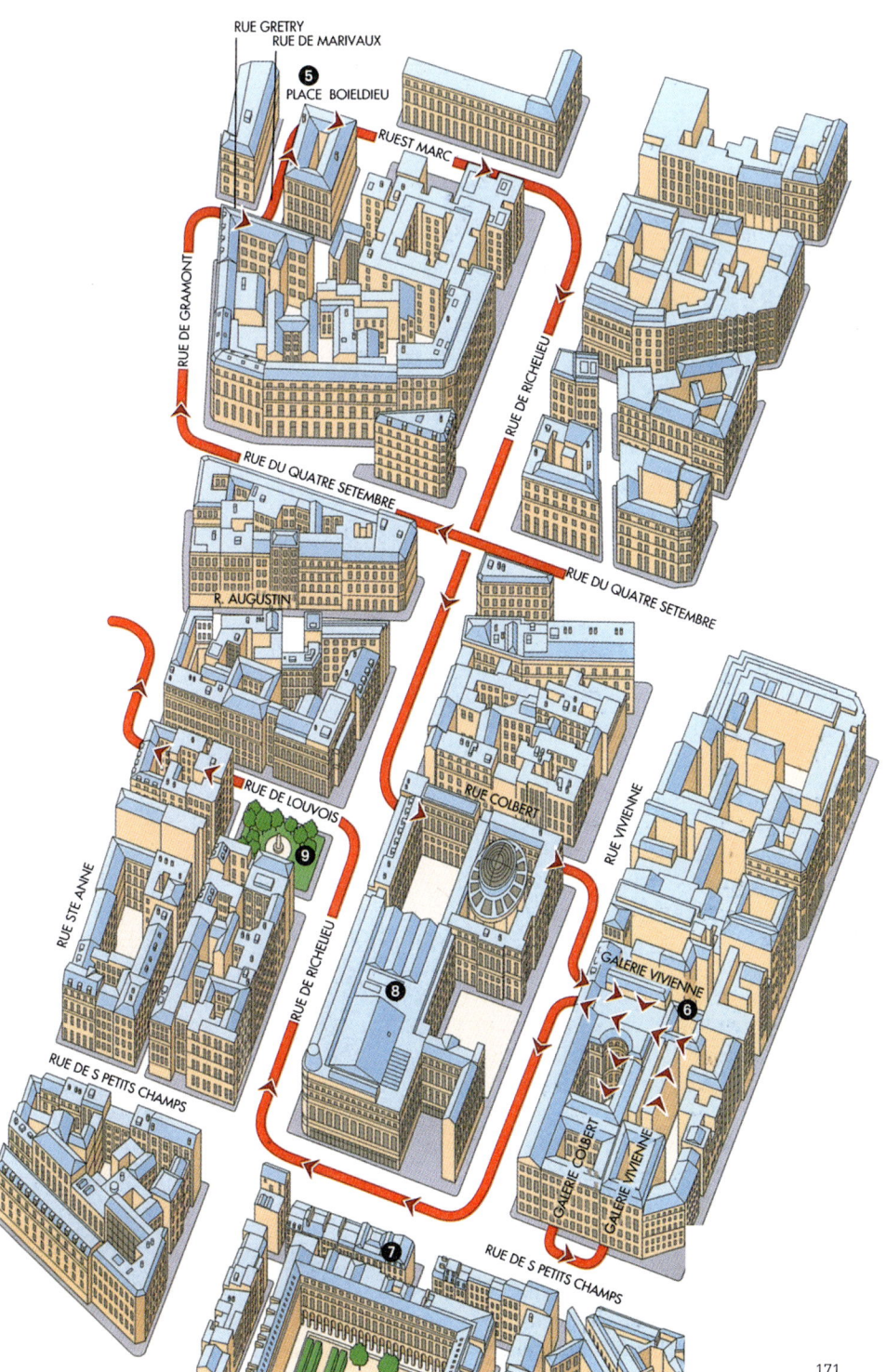

갈르리 콜베르.   프랑스 국립 도서관의 리슐리외 관.

Galerie Colbert가 있다. 이곳에는 전시장이 2곳 있고, 매혹적인 서점이 있다. 또한 벨 에포크의 양식을 완벽하게 복제한 레스토랑 르 그랑 콜베르Le Grand Colbert는 늘 야자수와 관광객으로 북적거린다. 잠시 휴식이 필요하다면 갈르리 비비엔 35~37번지의 근사한 '살롱 드 테salon de Thé, 카페 또는 찻집' 아 프리오리 테A Priori Thé를 추천한다. 13번지 유리창을 통해 볼 수 있는 섬세한 철제 난간이 있는 계단은 사립 탐정으로 변신한 범죄자 프랑수아 비독Eugène François Vidocq, 1775~1857이 1840년에 살았던 아파트로 이어진다.

❼ 프티샹 거리rue des Petits-Champs에 도달하면 영국인 마크 윌리엄슨이 약 30년간 경영하고 있는 윌리의 와인 바Willi's Wine Bar가 있다. 전화문의: 01-4261-0509 누구나 탐내는 완벽한 와인 창고에 최고급 와인만 엄선해서 보관하고 있다. 세련된 분위기와 훌륭한 음식으로 유명하며, 입맛 까다로운 파리의 멋쟁이들이 즐겨 찾는다.

❽ 리슐리외 거리 58번지에는 프랑스 국립 도서관Bibliothèque Nationale de France의 리슐리외 관이 있다. 17세기 이탈리아 출신의 프랑스 정치가 마자린Giulio Raimondo Mazzarino, 1602~1661이 거대한 개인 저택 두 채를

합쳐 마자린 도서관Bibliothèque Mazarine을 설립했던 곳이다. 마자린이 세상을 떠난 뒤 대저택의 일부는 왕립 도서관이 되었고, 이는 세월이 지나면서 전 세계의 양서는 물론 진귀한 필사본과 지도, 인쇄물, 메달리온대형 메달 또는 원형 초상화을 소장한 프랑스 국립 도서관으로 진화했다. 왕립 도서관은 1537년부터 법령에 따라 프랑스에서 출간되는 모든 서적을 한 부씩 보관해 왔다. 2000년 프랑스 국립 도서관이 확장·재정비되면서 리슐리외 도서관에 있던 천만 권 이상의 서적과 정기간행물, 역사적 기록물들이 톨비악Tolbiac 지구의 프랑수아미테랑 관 François-Mitterrand Library으로 이전되었다. 리슐리외 관에는 프랑스 국립 도서관의 부속 기관인 메달·골동품 박물관Musée du Cabinet des Médailles et des Antiques이 있으며, 유서 깊은 각종 메달과 메달리온, 동전, 보석류를 관람할 수 있다. 망사르Mansart 갤러리와 마자린Mazarin 갤러리, 로톤드 콜베르Rotonde Colbert 사진관에서는 기획 전시가 열리는데, 앙리 라브루스트Henri Labrouste, 1801~1875가 설계한 아름다운 원형 열람실은 유리창을 통해 들여다볼 수 있다. 도서 열람실은 일요일을 제외한 매일 이용 가능하고, 전시는 월요일을 제외하고 매일 개방한다.

❾ 루부아 광장square Louvois이 언제나 지금처럼 평화로웠던 것은 아니다. 역사의 한 장을 들여다보면, 1820년 2월, 당시 이곳에 있었던 오페라 극장 앞에서 베리 공작샤를 5세의 왕자이 루이 피에르 루벨에게 암살당하는 사건이 터졌다. 루벨은 체포되어 참수형에 처해졌고, 샤를 5세는 애꿎은 오페라 극장까지 철거시켰다. 루부아 광장과 수려한 루부아 분수Fontaine Louvois는 근처 대저택에 살고 있었던 루이 14세의 참모였던 프랑수아 루부아의 이름에서 따 온 것이다.

⑩ **가용 광장**place Gaillon은 루이 13세의 성문 중 하나가 있었던 곳이다. 이곳에는 돌고래에 올라앉은 큐피드 상이 있는 아름다운 **가용 분수**Fontaine Gaillon가 있다. 광장의 가용 거리rue Gaillon 17번지에는 세련된 아르누보 양식의 유명한 레스토랑 **드루앙**Drouant이 있는데 전화문의: 01-4265-1516 매년 11월 프랑스의 저명한 '공쿠르 문학상'이 이곳에서 선정되고 수상된다.

가용 분수.

⑪ 오페라 거리avenue de l'Opéra를 따라 올라가다 보면 카퓌신 대로blvd des Capucines 12번지에 여전히 명성이 자자한 **카페 드 라 페**Café de la Paix가 있다. 오페라 가르니에의 주인공 샤를 가르니에Charles Garnier, 1825~1898가 19세기에 설계한 카페다. 이곳 노천카페에 앉아 세상 돌아가는 풍경을 잠시 감상해 보자.

프랑스 제2제정의 화려함과 사치를 그대로 담아낸 **오페라 가르니에** Opéra Garnier는 새 천 년을 맞아 더욱 눈부신 모습으로 새롭게 태어났다. 풍요를 상징하는 뿔 모양의 기둥과 프리즈 띠 장식, 금박을 입힌 수많은 동상과 흉상이 파사드를 화려하게 장식하고 있다. 도저히 저항할 수 없는 쾌락의 환희가 밀려드는 장관이다. 실내에는 흰색 대리석으로 제작한 장엄한 이중 층계와 풍성한 붉은 벨벳을 두른 황금빛 객석이 외관만큼 화려하고 인상적이다. 1960년대 샤갈이 그린 둥근 천장만이 전체 분위기와 어울리지 못하고 겉돈다. 황제 전용 입구였던 통로는 이제 기념 박물관으로 이어진다. 무대 세트 모형이나 공연 기록은 물론, 전설적인 발레 안무가 니진스키Vaslav Nijinsky, 1889~1950의 발레 슈즈 같은 역사적인 기념물을 전시하고 있다.

⑫ 20세기 부르주아지는 폭발적으로 부를 증식했고 그들의 필요와 욕구를 충족시켜 줄 새로운 쇼핑몰이 절실하게 필요했다. 그리하여 탄생한 것이 갈르리 라파예트Galeries Lafayette와 오 프랭탕

오스만 대로의 라파예트 백화점.

Au Printemps과 같은 최고급 백화점 '그랑 마가쟁Grands Magasins'이다. 화려한 벨 에포크 백화점 건물은 오스만 대로의 몇 블록을 차지하고 있으며, 이 거대한 공간은 오로지 고급 패션 부티크와 인테리어 소품, 보석, 향수, 화장품 등이 가득 메우고 있다.

⓭ 현란한 아르누보 양식의 아테네 루이 주베 극장Théâtre de l'Athenée Louis Jouvet과 조금 떨어져 있는 오페라 루이 주베 광장square de l'Opéra Louis Jouvet은 프랑스에서 가장 유명한 오페라 연기자이자 연출가인 루이 주베Louis Jouvet, 1887~1951의 이름을 땄다. 광장 중앙의 동상 '페가수스를 탄 시인'은 빅토르 위고에게 바쳐진 기념비다. 유명한 조각가 알렉상드르 팔귀에르Alexandre Falguière, 1831~1900가 제작했다. 그 옆에는 또 다른 아담한 공간, 에두아르 7세 광장place Edouard VII이 있다. 이곳에도 폴란드계 프랑스 조각가 폴 란도프스키Paul Landowski, 1875~1961가 제작한 영국 왕 에드워드 7세의 기마상이 있다.

⓮ 이번 걷기의 대미를 장식하는 카퓌신 대로boulevard des Capucines 14번지는 1895년 12월 28일 뤼미에르Lumiére 형제가 그들이 발명한 시네마토그래프세계 최초의 영사기 겸 영화 촬영기로 첫 대중 '활동사진 상영회'를 열었던 곳이다. 체력과 시간이 된다면 그 옆 스크리브 거리rue Scribe를 따라 올라가 보자. 1번지에 19세기 프랑스 제2제정의 거대한 유산 스크리브 호텔Hôtel Scribe이 있다. 제2차 세계대전 중 스크리브 호텔은 연합군의 언론 본부로 활용되기도 했다. 스크리브 거리 9번지에는 프라고나르 향수 박물관Fragonard Musée du Parfum이 있다. 아름다운 목재 바닥을 깐 향수 박물관은 증류기와 구리 마개병, 피펫과 같은 실험 용구들, 비누 틀과 18세기 향수병, 다양한 마른 꽃잎 등을 전시하고 있다.

오페라 가르니에의 외부 모습과 화려한 내부.

10 _ Palais Royal to Beaubourg

팔레 루아알에서 보부르 궁전까지:
숭고함에서 초현실주의까지

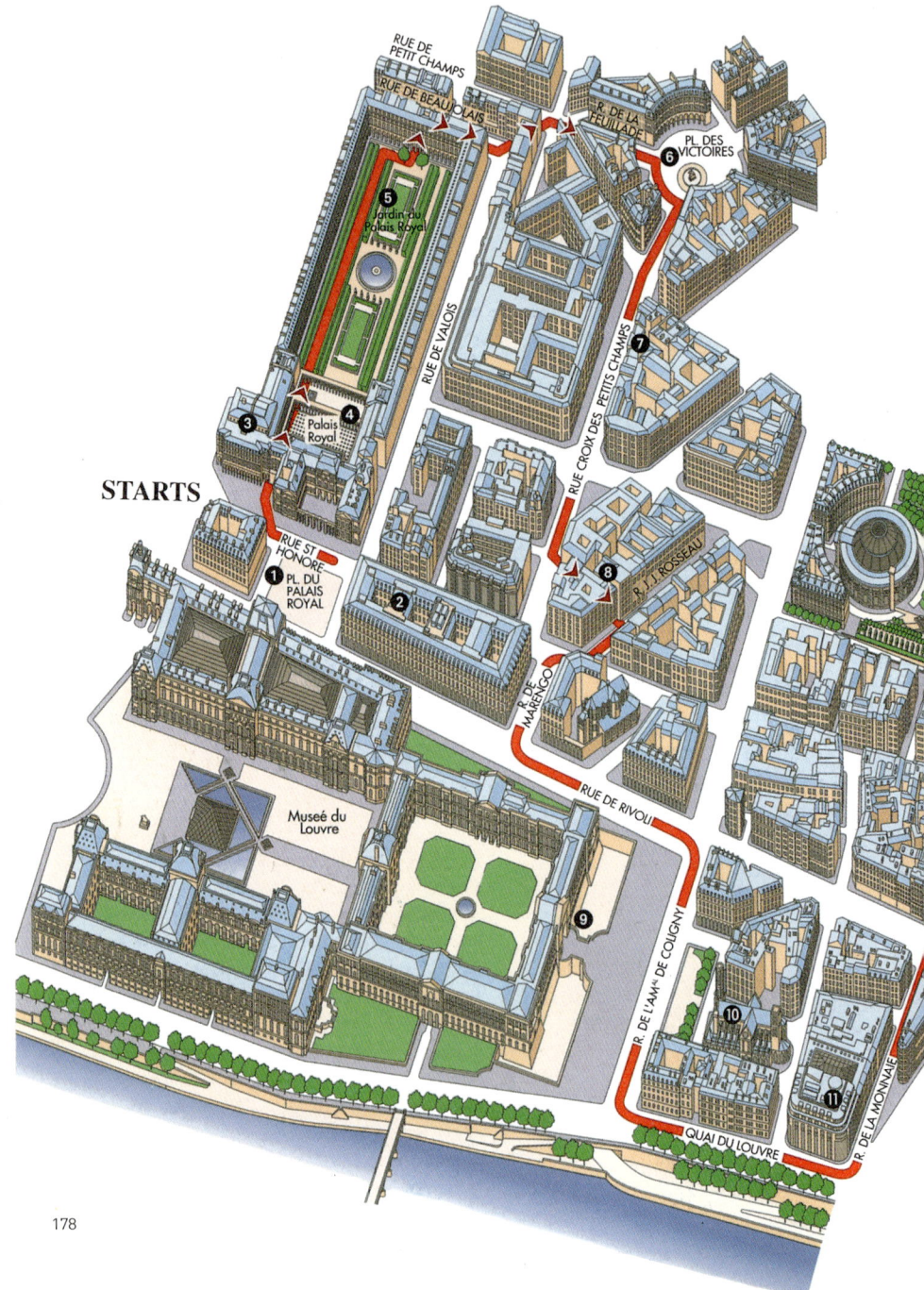

이번 걷기 코스는 평화롭고 세련된 18세기 정원에서 시작하여 보부르Beaubourg로 알려진 유쾌하고 떠들썩한 레 알과 퐁피두 센터에서 끝난다. 우리는 이 극적인 걷기 코스에서 '태양왕'을 만나고, 완벽하게 보존된 19세기 쇼핑 아케이드를 발견할 것이며, 끔찍한 대학살의 현장을 방문할 것이다. 이처럼 우리 발아래 펼쳐진 파리 한복판의 진면목을 에펠탑 앞에 늘어선 긴 줄과는 전혀 다른 관점에서 만나게 될 것이다.

▶ 출발지 루아얄 광장
가장 가까운 메트로 역: 팔레 루아얄

■ 도착지 퐁피두 센터
가장 가까운 메트로 역: 샤틀레레 알, 람부토, 레 알

국립 극장 코메디 프랑세즈.

❶ 팔레 루아얄 광장place du Palais Royal의 탁 트인 포장도로는 스케이트보드나 롤러블레이드를 타는 사람들에게 인기다. 특히 주말이면 남녀노소 실력에 상관없이 바퀴 구르는 소리가 팔레 루아얄Palais Royal 앞을 가득 채운다. 거의 새로 지은 팔레 루아얄은 오늘날 프랑스 최고 재판소 콩세유 데타Conseil d'État가 들어섰다. 원래 대법관 리슐리외Cardinal Richelieu, 1585~1642가 건설한 개인 저택이었는데, 그의 유언에 따라 왕궁이 되어 루이 14세가 이곳에서 유년 시절을 보냈다.

❷ 팔레 루아얄과 맞은편에 한때 백화점이 자리했던 루브르 데 장티케르Louvre des Antiquaires가 있다. 평화롭고 고급스러운 이 쇼핑몰은 아무리 비싸도 절대 가격을 깎을 수 없는 골동품과 장식 예술품만 전문으로 취급한다. 월요일은 정기 휴무다.

❸ 국립극장 코메디 프랑세즈Comédie Française의 로비는 극작가이자 배우인 몰리에르가 쓰러져 숨을 거둔 의자를 전시하고 있다. 몰리에르는

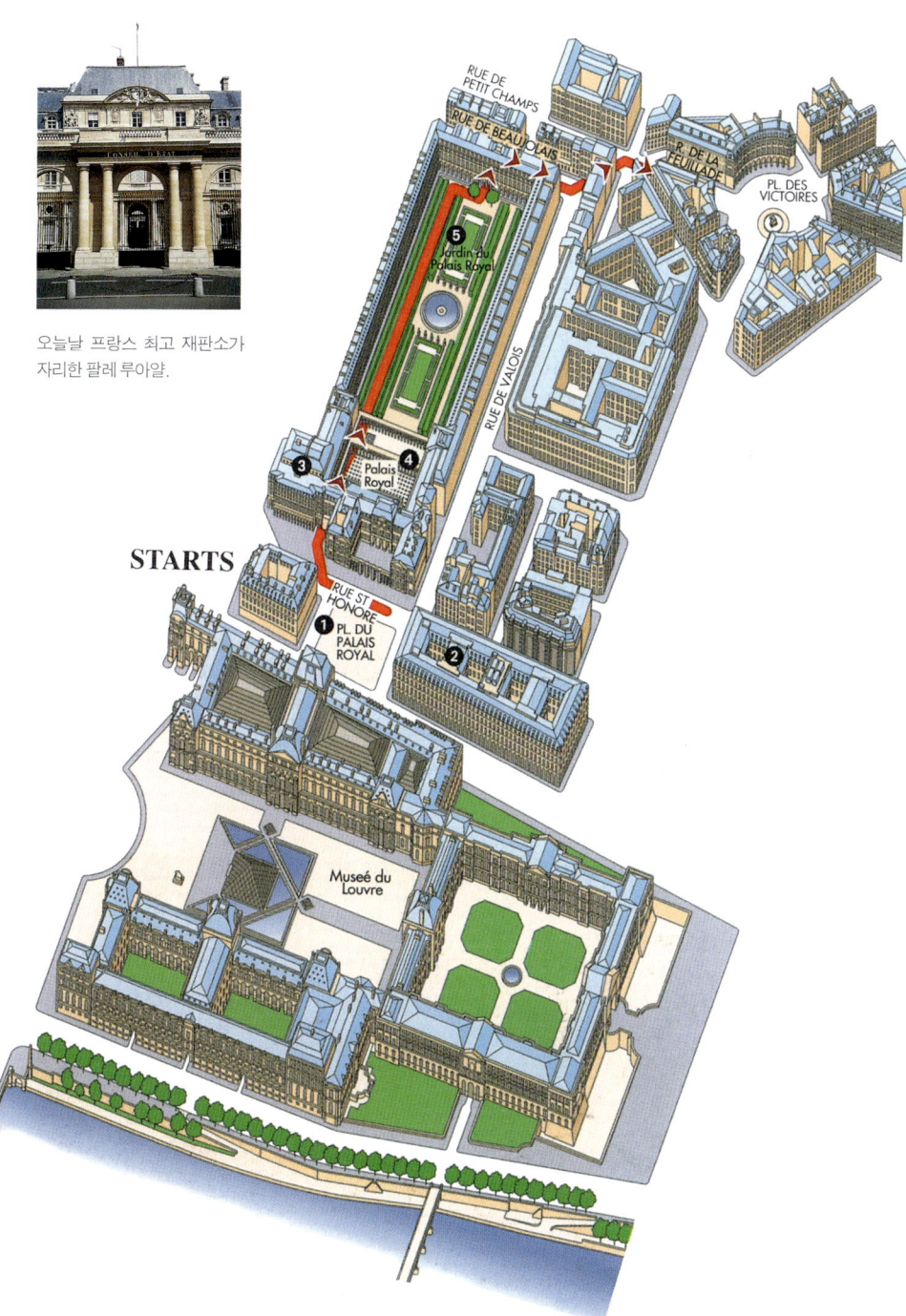

오늘날 프랑스 최고 재판소가
자리한 팔레 루아얄.

이곳에서 아이러니하게도 자신의 작품인 〈상상병 환자〉를 연기하다가 무대에서 지병으로 인한 극적인 죽음을 맞았다. 몰리에르의 위대한 작품들은 여전히 이곳 무대에서 상영되고 있다.

❹ 코메디 프랑세즈와 팔레 루아얄 사이에 난 아케이드를 지나다 보면 크고 작은 그루터기가 늘어선 기묘한 공간에 도달하게 된다. 바로 그 유명한 '영광의 마당' 쿠르 도뇌르Cour d'Honneur다. 이는 1986년 미테랑 대통령의 열정적인 예술 장관 자크 랑Jack Lang이 조각가 다니엘 뷔랭Daniel Buren, 1938~ 에게 의뢰한 작품이다. 비록 그 예술적 취지는 쉽게 이해할 수 없지만, 잠시 피곤한 다리를 쉬게 하거나 롤러브레이드나 스케이트보드를 연습하기에는 안성맞춤이다.

❺ 이토록 아름다운 팔레 루아얄 정원Jardin du Palais Royal이 한때 악당과 협잡꾼의 소굴이었다는 사실은 도무지 믿기 힘들다. 1780년대 균일한 아케이드로 빙 둘러싸인 이 공간은 매음굴과 도박장으로 가득했었다. 그러나 지금은 라임 나무가 늘어서 파리에서 가장 편안하고 우아한 공원으로 거듭났다. 아케이드 안쪽에는 독특한 상점들과 현대 조각품, 카페가 있다. 특히 1784년에 문을 연 유서 깊고 낭만적인 레스토랑 르 그랑 베푸르Le Grand Véfour가 유명하다.전화문의: 01-4296-5627 한때 나폴레옹과 첫 왕비 조제핀Joséphine de Beauharnais이 즐겨 찾곤 했다. 소설가 콜레트Sidonie-Gabrielle Colette, 1873~1954도 르 그랑 베푸르의 단골이었는데, 그녀는 거의 옆집이라 할 수 있는 보졸레 거리rue de Beaujolais 9번지에 살았다. 그녀가 팔레 루아얄 정원이 내려다보이는 9번지 창가에서 글을 쓰는 모습은 이곳의 일상적인 풍경이었다.

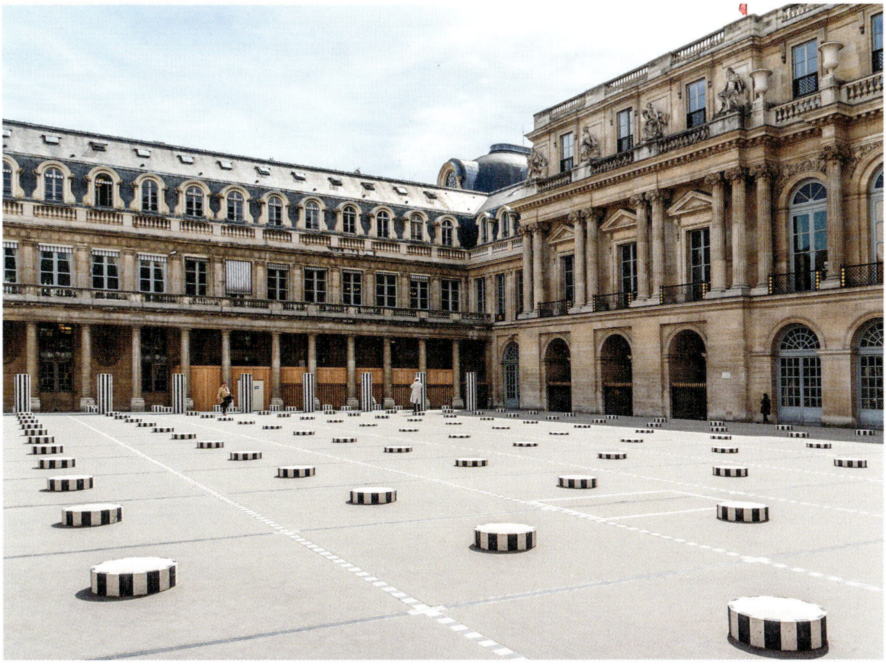

쿠르 도뇌르(위)와 18세기의 정원과 현대 예술이 융합된 결정체, 팔레 루아얄 정원(아래).

❻ 공원을 빠져나와 프티 샹 거리rue des Petits Champs를 지날 때 오른쪽에 난 조그만 파사주 데 되 파비용passage des Deux Pavillons을 놓치지 말자. 빅투아르 광장place de Victoires에는 뒷발로 솟구쳐 오르는 말에 올라탄 태양왕 루이 14세 동상이 있다. 라 푀이야드 공작이 태양왕의 재위 기간 중 자신의 영지에 자비로 건설했다. 웅장한 동상에 어울리도록 주변 건물까지 철거하면서 원형 광장을 완성하였는데, 광장 설계를 맡은 건축가는 쥘 아르두앵망사르Jules Hardouin-Mansart, 1646~1708였다. 사실 이 기마상은 1822년에 복원된 모작이다. 원래의 기마상은 다른 왕권의 상징처럼 프랑스 대혁명 기간 중 파괴되었다. 오늘날 복원된 기마상은 18세기 격동기와는 달리 최고급 디자이너 부티크에 둘러싸여 있다.

❼ 크루아 데 프티 샹 거리rue Croix des Petits Champs는 프랑스 은행Banque de France 본사가 자리한 툴루즈 저택Hôtel de Toulouse을 지난다. 이 거대한 저택은 나폴레옹이 설립한 것으로 1640년경에 프랑수아 망사르François Mansart, 1598~1666가 설계했다. 지금은 망사르가 설계했을 때와는 매우 다른 모습이다. 18세기 초, 루이 14세의 왕자 툴

프랑스 은행이 자리한 툴루즈 저택.

루즈 백작과 루이 14세의 애첩인 몽테스팡 후작 부인이 이곳에 거주했다. 빅투아르 광장에서 보이는 라 브리예르 거리rue de La Vrillière의 평범한 19세기 파사드는 이 거리에서 유일하게 옛 모습 그대로 남아 있는 부분이다. 그 뒤로 툴루즈 백작이 건설한 갈르리 도레Galerie Dorée가 50미터 가량 뻗어 있다. 아쉽게도 일반 대중에게는 공개되지 않는다.

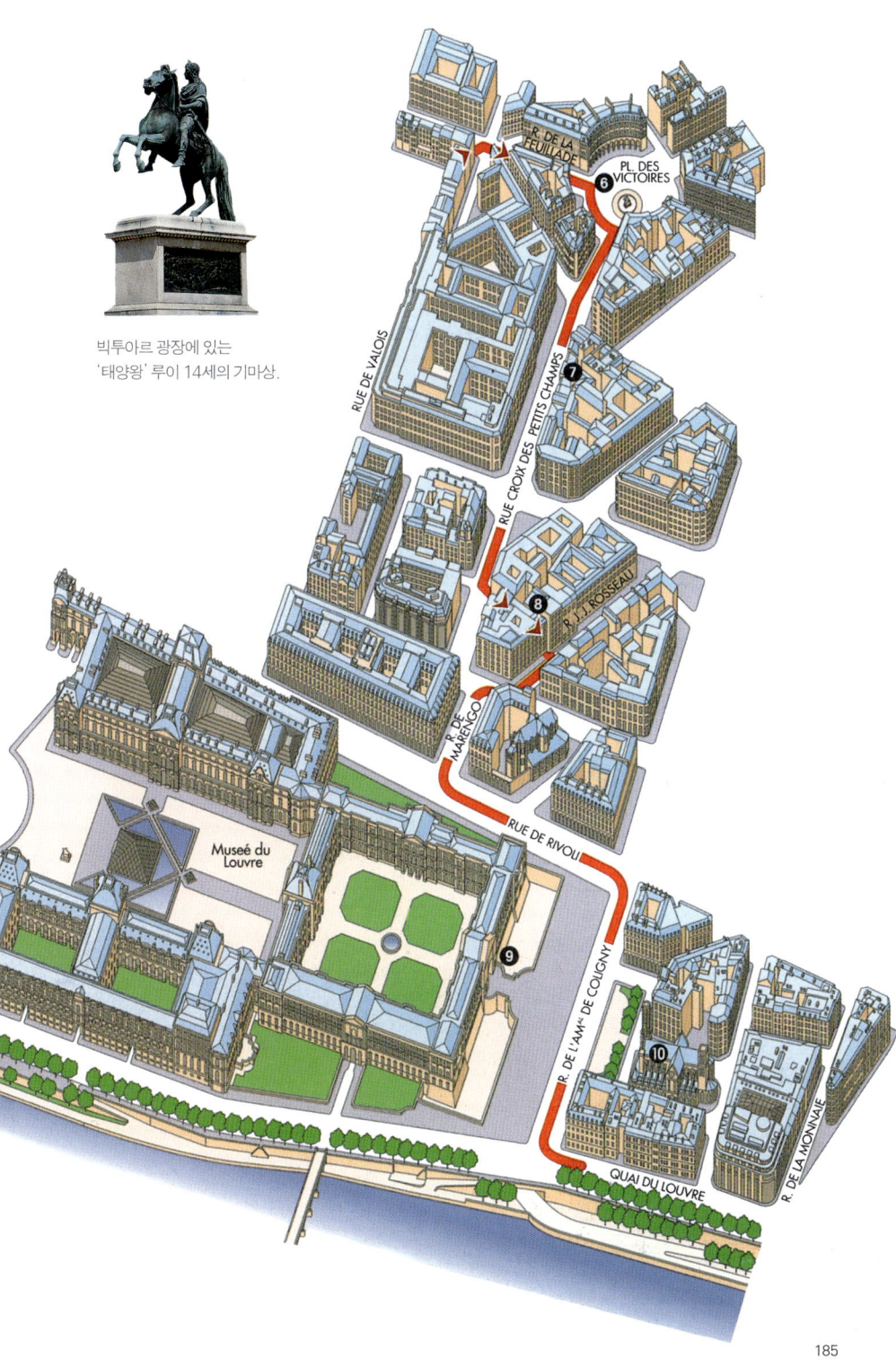

빅투아르 광장에 있는 '태양왕' 루이 14세의 기마상.

페로 열주.

❽ 아름다운 갈르리 베로도다Galerie Véro-Dodat는 1826년 처음 문을 연 이후 시간이 정지된 듯 조금도 변하지 않은 모습이다. 그 명칭은 아케이드를 건설한 2명의 푸주한 이름을 딴 것이다. 파리에서 처음으로 가스등을 설치한 아케이드로도 유명하다. 26번지에 골동품 인형을 납품하는 유명한 로베르 카피아Robert Capia가 있다.

❾ 리볼리 거리rue de Rivoli를 건너 센 강으로 내려가면 루브르 궁전의 동쪽에 해당하는 웅장한 페로 열주Colonnade de Perrault가 인상적이다. 1668년에 클로드 페로Claude Perrault, 1613~1688가 설계한 프랑스 고전주의 건축의 결정판이라 할 수 있다. 물론 우리에게는 《신데렐라》나 《잠자는 숲 속의 공주》 등의 동화를 창조한 클로드 페로의 동생 샤를 페로*가 더 유명하다.

---

* 샤를 페로Charles Perrault, 1628~1703: 《빨간 모자》, 《푸른 수염》, 《신데렐라》 등을 포함한 동화집 《거위 아주머니 이야기》(1697)의 작가 겸 17세기 프랑스를 대표하는 비평가이기도 하다. '신구논쟁(新舊論爭)' 때는 진보파를 대표하여 보수파의 부알로와 당당하게 싸웠다.

생 제르맹 록세루아 성당.

❿ 페로 열주 맞은편에는 고딕 건축물의 정수인 생 제르맹 록세루아 성당Église St Germain l'Auxerrois이 있다. 루브르가 궁전이었을 당시 교구 성당이었다. 그러나 생 제르맹 록세루아는 1572년 8월 24일 0시 '성 바르톨로메오의 대학살*Massacre de la Saint-Barthélemy'의 시작을 알리던 무시무시한 종이 울려 퍼졌던 곳이다. 당시 신교도 앙리 드 나바르Henry III de Navarre, 후에 앙리 4세가 됨와 '여왕 마고'로 유명한 마르게리트 드 발루아Marguerite de Valois가 같은 달 19일 결혼식을 거행했던 파리 지구에서 3,000명 이상의 프랑스 신교도들이 구교도들의 손에 처참하게 목숨을 잃었다. 성당을 둘러본 다음 우아하고 고색창연한 파티세리 생 제르맹 록세루아Patisserie St Germain l'Auxerrois 카페에서 기분 전환을 할 수 있다.

....
* 성 바르톨로메오의 대학살: 1572년 8월 프랑스에서 가톨릭과 위그노(프로테스탄트) 사이에서 벌어진 종교전쟁에서 위그노들이 학살된 사건.

⓫ 거대한 중저가 백화점 라 사마리탱La Samaritaine은 현재 안전상의 이유로 문을 닫았다. 이곳에 호텔, 유명 브랜드 숍, 사무실, 아파트 등을 짓는 재개발 계획이 추진되었으나 라 사마리탱의 아르데코 건축 양식의 파사드 보존을 주장하는 쪽의 반대에 밀려 보류되었다. 이 기념비적인 건물의 미래는 여전히 불투명하다.

⓬ 룰 거리rue du Roulle를 따라 생퇴슈타슈 성당의 거대한 풍채가 점점 가까워질수록 주변 풍경은 초췌하기 짝이 없다. 그러나 무성한 나무로 그늘진 알 정원Jardin des Halles에 다다르면 풍경은 다시 생기를 띠기 시작한다. 이곳에서는 상품 거래소 부르스 뒤 코메르스Bourse du Commerce의 근사한 원형 건물과 탑도 감상할 수 있다.

⓭ 오 피에드 드 코숑Au Pied de Cochon은 레 알Les Halles이 파리의 주요 식품 시장이었던, 그리고 이곳이 '파리 먹을거리의 장'으로 알려졌던 시절의 유산이다. 1946년에 문을 연 오 피에드 드 코숑은 '아기돼지의 발치에서'라는 뜻이다. 오늘날 24시간 문을 열고 있지만 이곳이 자랑하는 양파 스프 '그라티네 오 죠뇽gratinée aux oignons'과 돼지 족발 요리는 다소 실망스럽다. 오히려 조개 요리가 더 만족스러운 선택이 될 것이다. 전화문의: 01-4013-7700

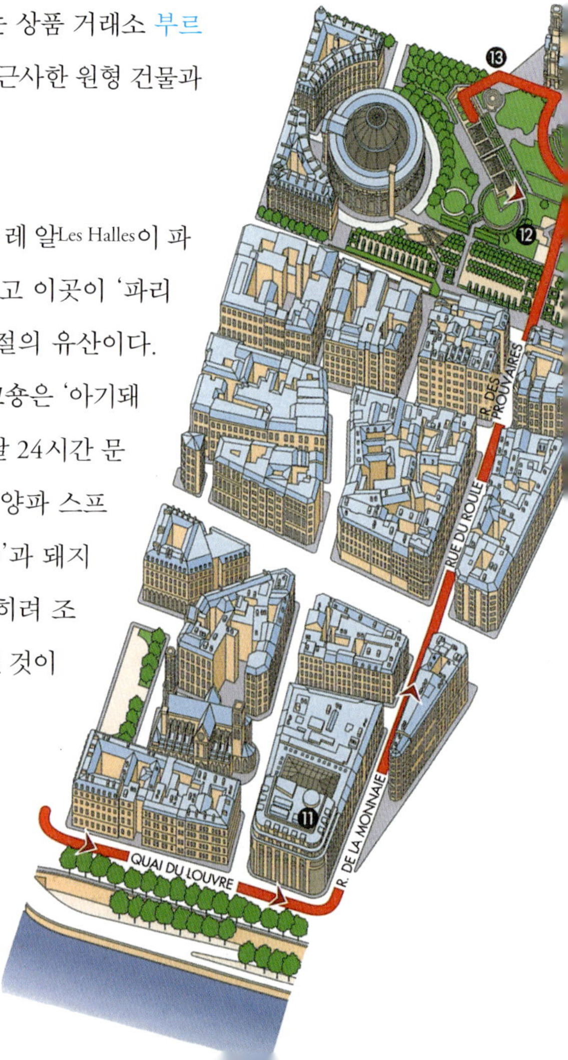

부르스 뒤 코메르스.   생퇴스타슈 성당.

❶ 고딕 양식의 토대 위에 신고전주의 파사드가 더해지고 르네상스 실내 장식이 가미된 생퇴슈타슈 성당 Église Saint-Eustache은 파리에서 노트르담 대성당 다음으로 큰 성당이다. 그 빛나는 아름다움과 고귀함은 노트르담 못지않다.

❶❺ 이제 현대적인 거대한 지하 쇼핑몰 포룸 데 알Forum des Halles로 뛰어들 차례다. 또한 포르트 르스코Porte Lescot의 푸른 표지판을 따라 가면 포르트 뒤 주르Porte du Jour의 유흥 시설을 즐길 수 있다. 일종의 역피라미드 형태인 포룸 아래에는 5개 메트로 노선이 지나는 세계에서 가장 넓은 지하철 역 샤틀레레 알Châtelet-Les Halles이 있다.

❶❻ 포룸 데 알을 나오면 베르제 거리rue Berger를 따라 조잡하고 '키치'한 보행자 전용 구간이 펼쳐진다. 이때 매력적인 르네상스 조형물 이노상 분수Fontaine des Innocents를 놓치지 말자. 분수 주변 작은 광장은 지친 배낭여행객들의 쉼터지만, 스케이트보드족들에겐 최대의 난코스다.

❶❼ 퐁피두 센터Centre Georges Pompidou는 1977년 처음 개장했을 때 건물의 초현실적인 현대적 감각 덕분에 엄청난 반향을 불러일으켰다. 이미 세계적인 명성과 찬사를 받고 있는 퐁피두 센터는 결코 방문객을 실망시키는 법이 없다. 복합 전시관이자 문화센터인 퐁피두 센터에서 가장 유명한 것은 5층에 있는 감각적인 국립 현대 미술관Musée National d'Art Moderne이다. 이곳은 피카소와 브라크, 마티스, 미로 등의 주요 작품을 전시하는 20세기 예술의 보물 창고다. 수시로 다양한 기획전도 열리며 예술·독립 영화를 상영하는 극장, 훌륭한 시설을 갖춘 멀티미디어 도서관, 음악 '실험실'이 있다. 맨 꼭대기에는 파리 시내의 멋진 전망을 누릴 수 있는 세련된 레스토랑 겸 카페가 있다.

르네상스 조형물 이노상 분수(위)와 퐁피두 센터 전경(아래).

11 _Le Marais

마레 지구: 다시 찾은 고귀함

매력적이고 개성 강한 마레 지구는 센 강변 늪지 marais, 마레에 건설되었다. 17세기 이곳은 왕족과 귀족들의 화려하고 아름다운 대저택으로 즐비했다. 그러므로 프랑스 대혁명 기간 중 마레 지구의 급격한 퇴락은 예견된 수순이었다. 1960년대에 이르자 혁명 이전의 건축 유산에 관심이 모아졌고, 마침내 마레 지구도 복원과 재건의 시대에 접어들었다. 쇠락한 대저택 중 일부는 훌륭한 박물관으로 새단장했고, 세련된 카페와 레스토랑, 유행을 선도하는 패션 상점이 곳곳에 들어서기 시작했다. 오늘날 마레 지구는 특히 젊음과 창의력으로 가득하다.

이번 걷기 코스는 마레 지구의 주요 이정표를 통과할 것이다. 그렇다고 본 코스대로 충실하게 따를 필요는 없다. 마레 지구는 그저 본능과 기분이 이끄는 대로 자유롭게 돌아다니며 눈앞에 펼쳐지는 세상을 있는 그대로 즐겨야 제맛이다. 보다 적극적으로 여기저기 기웃거리자. 닫힌 문을 열어젖히고 가려진 거리 표지판을 찾아 읽어야 한다. 그러나 이 모든 탐험을 제대로 즐기려면 극히 혼잡한 주말은 피하는 게 상책이다.

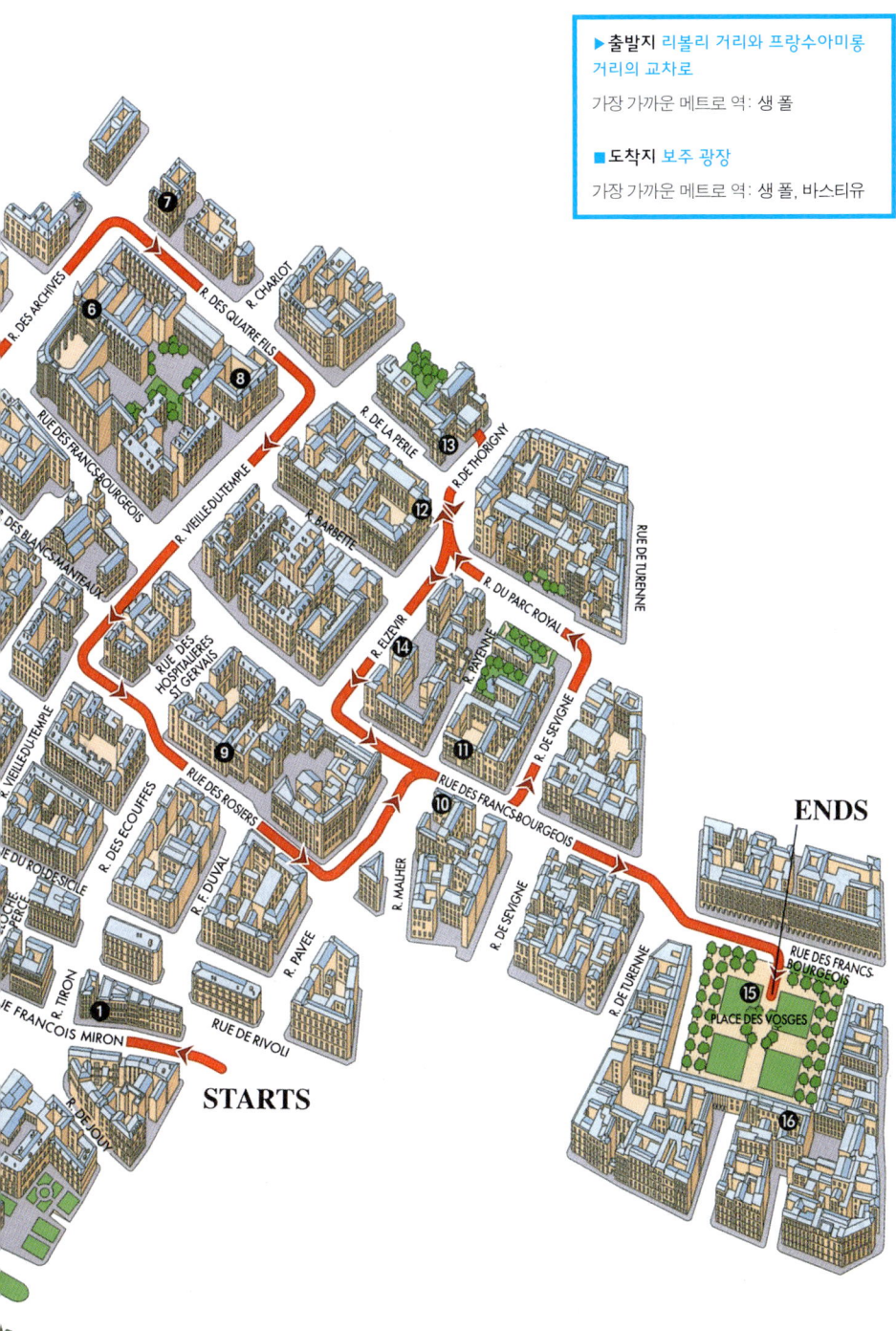

프랑수아미롱 거리의 보베 저택 안마당.

❶ 프랑수아미롱 거리rue François-Miron에는 유서 깊고 아름다운 건물이 몇 채 있다. 그중 68번지의 보베 저택Hôtel de Beauvais은 재건된 마레 지구 대저택의 전형이라 할 수 있다. 운이 좋다면 아름다운 안뜰을 훔쳐볼 수도 있을 것이다. 보베 저택은 루이 13세의 앤 왕비Queen Anne d'Autriche의 수발을 들던 보베 남작 부인 카트린 벨리에를 위해 건설되었다. 얼마나 왕비를 잘 모셨던지 왕비의 아들인 젊은 루이 14세에게도 '충성'을 다했다고 한다. 한편 고딕 양식의 지하 저장고가 있는 44번지와 46번지 대저택 메종 두르샹Maison d'Ourscamp에는 오늘날 파리의 역사적 건물을 보호·보존하는 기관이 있다. 11번지와 13번지에 이르면 2개의 좁고 휘어진 반목재 가옥 두 채가 돌연히 나타난다. 파리에 남아 있는 몇 안 되는 중세 건물 중 하나다.

❷ 세련된 퐁루이필리프 거리rue du Pont-Louis-Philippe를 따라 좌회전한다. 고풍스럽고 고급스러운 상점들이 가득한 이 거리에 들어서면 멀리 팡테옹이 내다보인다. 센 강변으로 뻗은 매력적인 거리들을 여유롭게 둘러보자. 그르니에 수르 로 거리rue Grenier sur l'Eau에서 좌회전하

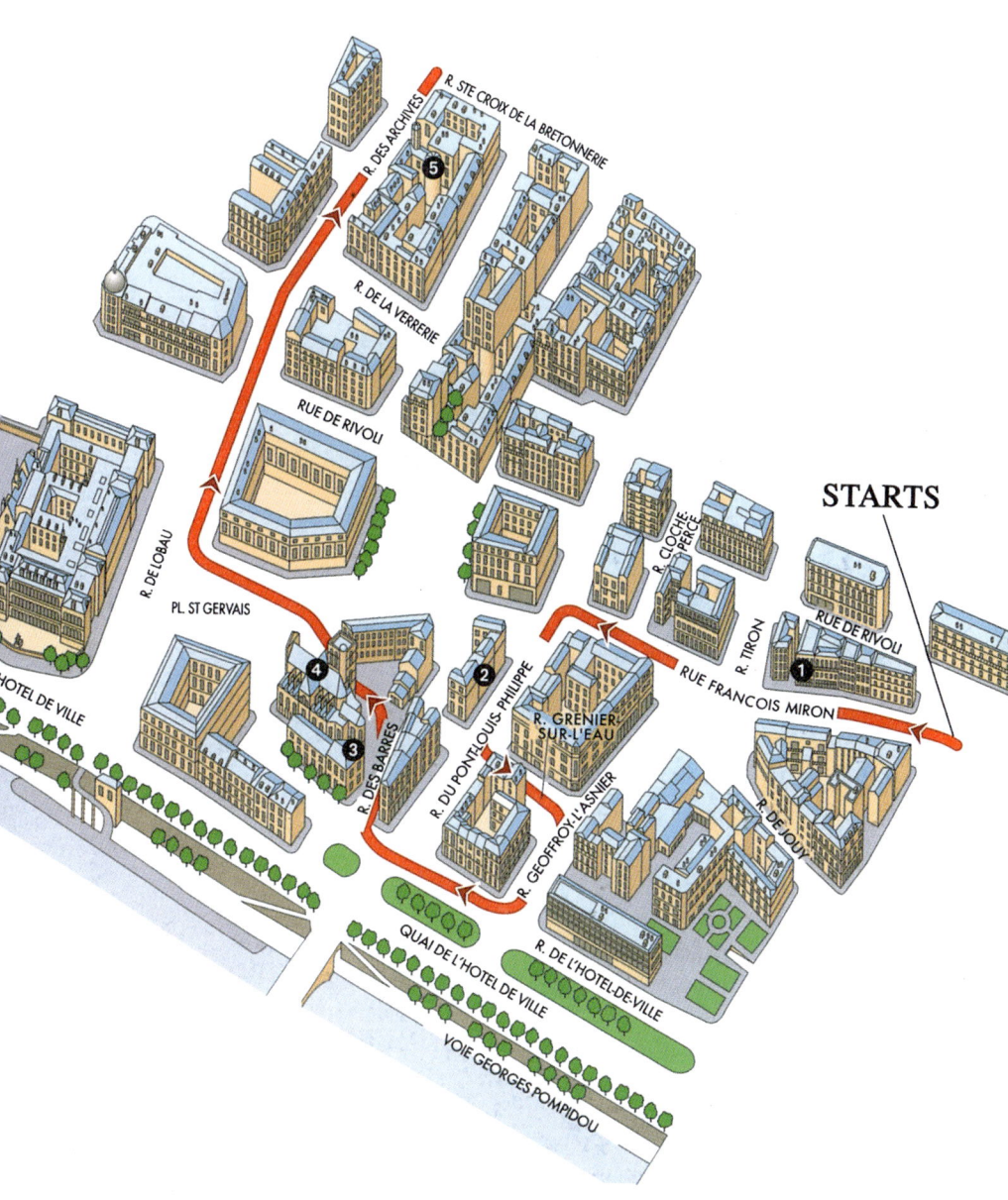

여 은빛 월라스 분수Wallace Fountain를 지난다. 원래는 분수에 물을 마실 수 있는 작은 컵이 매달려 있었다고 한다. 조프루아 라니에 거리rue Geoffroy l'Asnier에서 우회전하면 17번지에 '이름 없는 유대교 순교자들

정원 쪽에서 바라본 샬롱뤽상부르 대저택과 인상적인 석조 정문.

의 기념관Mémorial du Martyr Juif Inconnu'이 있다. 제2차 세계대전 중 6백만 유대인 대량 학살의 희생자를 추모하기 위해 1956년에 세워진 것이다. 지하묘지에는 '영원히 꺼지지 않는 불꽃'이 타오르고 있다. 조프루아 라니에 거리 건너편에 1610년에 건설된 샬롱뤽상부르 대저택Hôtel de Chalon-Luxembourg이 있다. 비록 내부는 일반에는 개방되지 않지만, 고풍스러운 석조 정문이 인상적이니 놓치지 말자.

주변에는 근사한 레스토랑이 몇 군데 있다. 양질의 저렴한 식사는 로텔드빌 강변로quai de l'Hôtel-de-Ville 84번지에 있는 시대를 초월한 비스트로 르 트루밀루Le Trumilou를 추천한다. 전화문의: 01-4277-6398 퐁루이필리프 거리 1번지 셰 줄리앙Chez Julien의 창가 좌석도 낭만적이다. 전화문의: 01-4278-3164

❸ 노천카페로 가득한 얄팍한 층계참을 오르면, 생제르베생프로테 성당 뒷면의 가고일Gargoyle 아래 아기자기한 바르 거리rue des Barres가 이어진다. 이 거리 12번지에 프랑스에서 가장 매력적인 유스호스텔 미제 모뷔송Mije Maubuisson이 있다. 전화문의: 01-4274-2345

생제르베생프로테 성당(좌)과 비예 성당(우).

❹ 센 강 늪지의 제방 언덕에 우뚝 솟은 고요한 생제르베생프로테 성당 Église Saint-Gervais-Saint-Protais은 바르 거리에 난 후문을 통해 들어갈 수 있다. 이 성당은 부분적으로 예루살렘 형제회가 설립한 것이다. 예루살렘 형제회 소속 수도사와 수녀들은 하루의 반은 노동으로, 나머지 반은 기도로 보냈는데, 남녀가 구분되지 않은 공동 회중을 이끈 점이 특이하다. 성당의 아름다운 오르간은 18세기 파리에서 가장 유명했던 오르간 연주자이자 작곡가인 프랑수아 쿠프랭François Couperin, 1668~1733과 그 가족이 대를 이어 연주했던 유서 깊은 악기다. 끝으로 정문을 통해 성당을 나와 성당의 아름다운 고전주의 파사드를 감상하자.

❺ 아르쉬브 거리rue des Archives의 비예 성당Église des Billettes은 파리에서 유일하게 살아남은 중세 수도원의 일부다. 오늘날 성당은 다양한 예술 기획전을 주최하는 전시관으로 활용되고 있다. 아르쉬브 거리를 좀 더 걸어가다 보면 중세 재정가이자 외교 대사인 자크 쾨르Jaques Cœur의 대저택 메종 쾨르Maison Cœur가 있다. 현재는 학교가 들어서 있다.

수비즈 저택.

❻ 아르쉬브 거리와 프랑부르주아 거리rue des Francs-Bourgeois가 만나는 지점에 마레 지구에서 가장 웅장한 대저택 수비즈 저택Hôtel de Soubise이 있다. 그 화려함과 아름다움은 17세기 마레 지구가 얼마나 고급스럽게 특화된 곳이었는지를 짐작케 해 준다. 오늘날은 프랑스 역사 박물관Musée de l'Histoire de France과 프랑스 국립 기록 보관소Archives Nationales가 있다. 오전 10시부터 오후 5시까지 개방하며, 정기 휴일은 화요일이다. 역사 박물관은 수비즈 가문의 왕자와 공주들이 머물던 로코코 양식의 화려한 방들을 구경하는 것만으로도 방문할 가치가 있다.
아르쉬브 거리로 돌아와 고딕 양식의 작은 탑 성문을 구경한다. 14세기 유명한 기사 올리비에 드 클리송Olivier de Clisson, 1326~1407의 대저택에서 살아남은 유일한 부분이다. 오드리트 거리rue des Haudriettes 모퉁이에 있는 잠자는 물의 요정으로 장식된 사랑스러운 오드리트 분수 Fontaine des Haudriettes는 18세기에 제작된 것이다.

❼ 완벽한 조화미를 자랑하는 아르쉬브 거리 62번지의 게네고 저택Hôtel de Guénégaud은 프랑수아 망사르François Mansart, 1598~1666의 작품이다. 지

로한 저택(좌)과 라무아뇽 저택(우).

금은 사냥과 자연 박물관Musée de la Chasse et de la Nature이 자리하고 있다. 사냥이나 총기, 박제된 야생동물 머리나 가죽, 그리고 사냥에 관련된 고전 회화를 전시한다. 특히 한 전시관은 포효하는 고릴라, 호랑이, 판다 곰, 조그만 영양 등 수십 마리의 박제 동물로 가득 차 있다. 정기 휴일은 월요일이다.

❽ 프랑스 국립 기록 보관소Archives Nationales가 있는 또 다른 대저택 로한 저택Hôtel de Rohan은 비유 뒤 탕플 거리 87번지에 있다. 높고 우아한 창문 사이로 정겨운 분위기의 정원을 구경할 수 있다. 프랑부르주아 거리를 건널 때 모퉁이의 고딕 양식의 작은 탑 성문을 놓치지 말자.
로제 거리rue des Rosiers로 진입하기 전, 원한다면 비유 뒤 탕플 거리rue Vieille du Temple를 따라 늘어선 카페와 레스토랑에서 심신을 재충전할 수 있다. 28번지의 레 필로조프Les Philosophes는 새벽 2시까지 영업하며, 일요일마다 철학 조찬 모임을 개최한다.전화문의: 01-4887-4964 1903년에 문을 연 30번지의 오 프티 페르 아 슈발Au Petit Fer àCheval은 독특한 말발굽 모양의 바와 도자기 타일 및 거울 장식으로 유명하다.전화문의: 01-4272-4747 31번지 라 벨 오르탕스La Belle Hortense는 정적인 분위기가 근사한 와인바이자 북카페이며, 서점이자 예술 기획 전시관이

다. 전화문의: 01-4804-7160. 비유 뒤 탕 거리 끝자락에 있는 트레조르 거리 rue de Trésor, 보물의 거리란 이름은 1882년 이곳에서 어느 건물을 철거하던 중 14세기 금화로 가득한 구리 물병이 발굴된 데서 유래했다.

❾ 심신을 재충전했다면 다시 로제 거리rue des Rosiers로 돌아가자. 이 좁다란 거리는 13세기에 설립된 파리 유대인 커뮤니티의 중추라 할 수 있다. 이 지구는 주변의 파리 대저택과는 다른 독특한 분위기와 개성으로 넘쳐난다. 그중에서도 27번지 유대인 식료품점 샤샤 핑켈스찬Sacha Finkelsztajn이 유명하다. 다문화가 뒤섞인 고객층과 음악, 영어로 재미있게 번역한 메뉴, 배꼽 빠지도록 고객을 웃기는 종업원들이 매력만점이다. 그 옆 14, 16번지의 낡지만 사랑스런 19세기 건물에 자리한 안락하고 친근한 분위기의 카페 데 프솜Café des Psaumes과 유대교 율법에 따른 정갈한 빵집 불랑제리 무르시아노Boulangerie Murciano도 놓치기 아까운 곳들이다.

❿ 라무아농 저택Hôtel de Lamoignon에 자리한 파리 역사 도서관Bibliothèque Historique de la Ville de Paris의 아름다운 열람실에 잠시 들르자. 도서관 파사드는 높다란 코린트 기둥으로 설계되었으며, 맨 위 박공벽에는 사냥의 상징물이 새겨져 있다. 이는 사냥의 여신 디아나를 연상시키는데, 사실은 라무아농 저택이 애초에 앙리 2세의 디아나 공주를 위해 지어졌기 때문이다. 도서관이 있는 파베 거리rue Pavée는 이곳이 파리에서 최초로 자갈파베로 포장한 길이기 때문에 붙여진 이름이다.

카르나발레 저택(좌)과 피카소 박물관(우).

⓫ 이제부터 일련의 박물관이 이어진다. 취향과 흥미에 따라 시간과 체력을 잘 안배하도록 한다. 우선 프랑부르주아 거리로 되돌아오면 철망 사이로 카르나발레 저택Hôtel de Carnavalet의 사랑스런 푸른 정원이 드러난다. 이곳에는 파리 역사를 다루는 카르나발레 박물관Musée Carnavalet이 있다. 정기 휴일은 월요일이다. 1677~1696년 이곳에 살았던 세비녜 후작 부인은 루이 14세 시대를 풍미했던 사교계 여왕으로, 딸에게 보내는 뛰어난 문체의 서간문을 많이 남겼다. 이는 17세기 파리, 특히 마레 지구의 삶을 유추할 수 있는 매우 귀중한 역사적 자료가 되고 있다.

⓬ 또 다른 아름다운 대저택 리베랄브뤼앙 저택Hôtel Libéral-Bruant은 앵발리드를 설계한 리베랄 브뤼앙Libéral Bruantca, 1635~1697이 자택으로 직접 설계한 건물이다. 이곳에는 세뤼르 박물관Musée de la Serrure이 있다. 둥근 석조 천장을 얹은 시원하고 조용한 지하 전시관은 수 세기에 걸친 온갖 종류의 자물쇠세뤼르와 열쇠를 전시하고 있으며, 토요일과 일요일은 문을 열지 않는다.

⓭ 마레 지구에서뿐만 아니라 파리 전체에서 결코 놓칠 수 없는 곳 중 하나는 토리니 거리rue de Thorigny 5번지에 있는 살레 저택Hôtel Salé의 피카

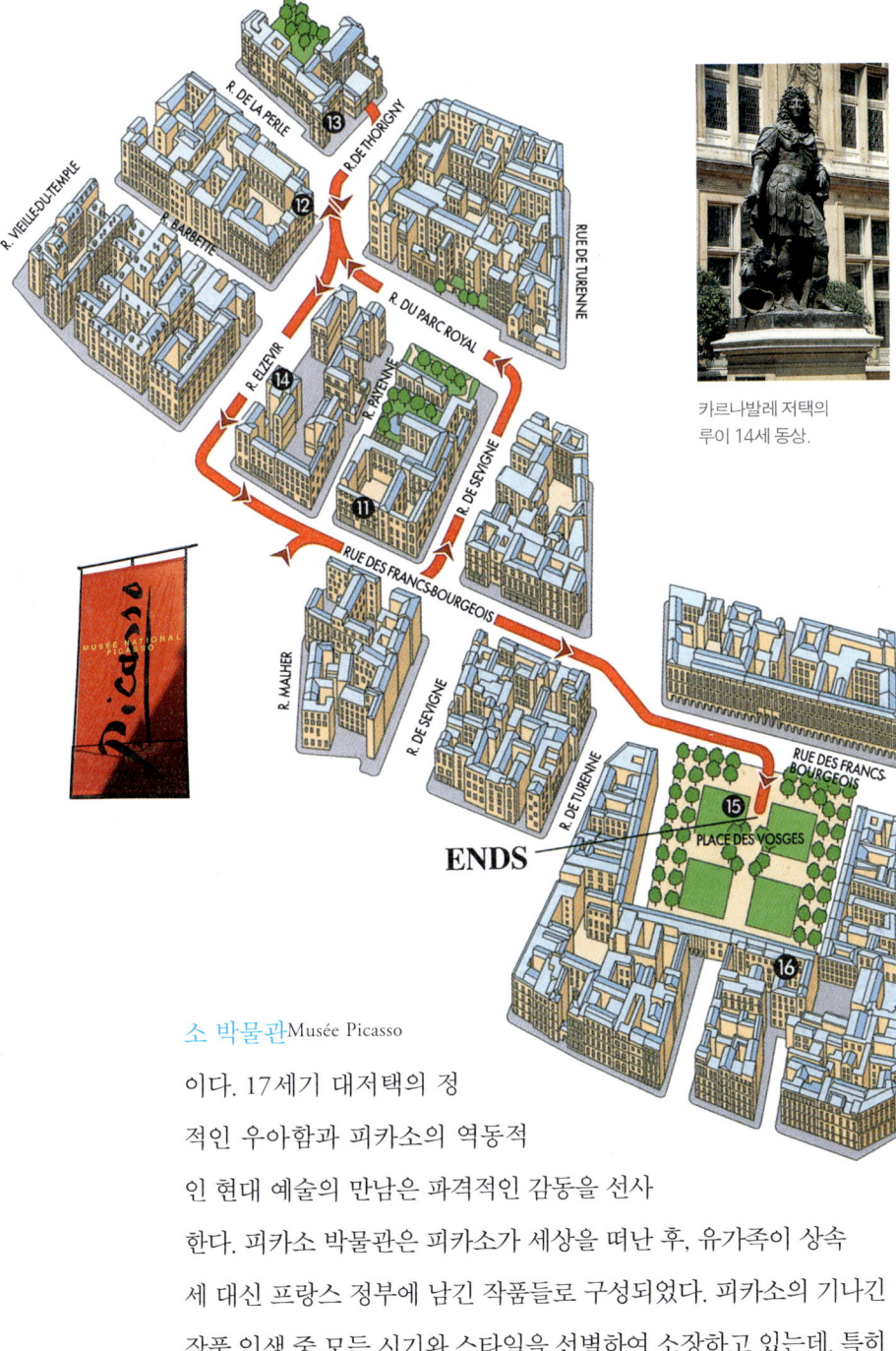

카르나발레 저택의
루이 14세 동상.

소 박물관 Musée Picasso

이다. 17세기 대저택의 정
적인 우아함과 피카소의 역동적
인 현대 예술의 만남은 파격적인 감동을 선사
한다. 피카소 박물관은 피카소가 세상을 떠난 후, 유가족이 상속
세 대신 프랑스 정부에 남긴 작품들로 구성되었다. 피카소의 기나긴
작품 인생 중 모든 시기와 스타일을 선별하여 소장하고 있는데, 특히
한국 전쟁의 참상을 표현한 1951년 회화 작품 〈한국의 대학살 Massacre

코냑제 박물관 내부 전시 모습.

en Corée〉이 인상적이다. 또한 다른 곳에서는 보기 힘든 피카소의 조각품들도 많다. 동시대 동료 화가들의 작품들도 전시되어 있다. 2층한국식 3층 전시관에는 현대 예술 작품과 사진 전시회 등 기획전이 수시로 열리며 정기 휴일은 월요일이다.

⑭ 분위기를 반전해서 엘제비 거리rue Elzévir의 도농 저택Hôtel Donon에 자리한 코냑제 박물관Musée Cognacq-Jay을 가볍게 돌아보자. 그림과 도자기, 가구, 장식품 등 무려 1,200점이 넘는 18세기 유산을 전시하고 있으며, 월요일이 정기 휴일이다. 모두 라 사마리탱La Samaritaine 백화점의 창시자 테오도르에르네 코냑Théodore-Ernest Cognacq, 1839~1928과 그의 아내 마리루이스 제Marie-Louise Jay, 1838~1925가 1920년대 파리 시에 기증한 것이다.

흥미진진한 전시품이 많지만 그중에서도 놓치지 말아야 할 3가지 보물은 다음과 같다. 영국 미니어처 초상화가 앙리 본Henry Bone, 1755~1834이 그린 아름다운 미니 초상화 〈미스터 호프Mr Hope〉, 프랑수아 위베르 드루에Francois Hubert Drouais, 1763~1788가 그린 루이 15세의 유명한 애첩 퐁파두르 부인Madame de Pompadour, 1721~1764의 조그만 초상화, 루이레오폴드 부알리Louis-Leopold Boilly, 1761~1845가 그린 친근하고 매력적인 〈달콤한 깨어남Le Doux Réveil〉이다.

❺ 파리에서 가장 유서 깊은 공터 보주 광장place des Vosges의 환상적인 매력은 그 완벽한 대칭 구조 때문이 아니라, 벽돌과 석판의 부드럽게 농익은 아름다운 색채 때문이다. 불행히도 오늘날 보주 광장은 잠시도 조용할 새 없이 혼잡스럽다. 그나마 아름다운 비스트로 마 부르고뉴Ma Bourgonge에서 잠시 인파와 소음을 잊을 수 있다. 전화문의: 01-4278-4464 또는 북쪽의 낭만적인 5성급 호텔 파비용 드 라 렝 호텔Hotel Pavilion de la Reine의 카페와 바도 쉬어가기 좋다.

❻ 보주 광장place des Vosges의 완벽한 균형과 조화를 가장 제대로 감상할 수 있는 곳은 나무가 시야를 가리지 않는 메종 드 빅토르 위고Maison de Victor Hugo의 2층한국식 3층이다. 소설가이자 희곡작가였던 위대한 문인 빅토르 위고Victor Hugo, 1802~1885가 1832년부터 1848년까지 16년간 살았던 저택이다. 이곳은 1903년에 위고의 절친한 동료 작가이자 열렬한 팬이었던 폴 모리스Paul Meurice, 1818~1905의 주창으로 박물관이 되었다. 이곳의 위고 유물과 초상화 대부분도 모리스가 파리 시에 기증한 것이다. 삐걱거리는 낡은 바닥과 희미한 방충제 냄새에도 불구하고 한 번쯤 방문할 가치가 있다. 특히 최근에 재건된 살롱 쉬누아즈Salon Chinoise가 인상적인데, 이는 위고가 근처에 살던 연인 줄리에트 드루에Juliette Drouet, 1806~1883의 집에 마련했던 '중국식 응접실'이다. 중세 양식의 식당과 위고가 숨을 거둔 침실도 관람할 수 있다. 정기 휴일은 월요일이다.

파리에서 가장 유서 깊은 보주 광장.

12 _ Village St Paul and Bastille

빌라쥬 생 폴과 바스티유:
감동 넘치는 갤러리의 향연

이번 걷기 코스는 마레 지구Le Marais의 끝에서 아르스날 지구 Arsenal를 경유해 바스티유 지구La Bastille로 나아간다. 마레 지구가 아름다운 안뜰과 낡은 대저택, 고풍스러운 성당과 북적거리는 번화가로 특징되는 상류층 세계였다면, 바스티유 지구는 전통적으로 노동자 계층의 안식처였다. 그러나 바스티유 지구도 최근 대대적인 재건 사업을 거쳐 전에 없던 활기와 생기를 되찾았다. 바스티유 오페라를 필두로 현대적인 갤러리들과 최신 유행 상점들, 세련된 레스토랑이 차례로 들어서면서 오늘날 바스티유는 '파리의 소호'로 불리고 있다. 바스티유 지구의 고급화 전략은 지금도 계속되고 있다. 그럼에도 불구하고 여전히 바스티유 곳곳에서 과거의 서민적인 요소를 발견할 수 있다. 가령 17세기의 포부르 생 탕투안 거리는 파리 제조업의 심장이었다. 루이 14세가 장인들과 숙련공 조합에게 면세 특권을 주어 이 주

변을 제조업 특화 지구로 육성했기 때문이다. 포부르 생 탕투안 거리는 여전히 각종 숙련공들의 작업실이 조그만 술집과 의류점 사이에 샌드위치처럼 끼어 있다. 이 거리의 조합 구성원들은 상당수 프랑스 대혁명 때 자유를 위해 바스티유를 습격했던 혁명군이었다. 20세기 초, 프랑스 중부 오베르뉴 지방 출신의 이주 상인들이 바스티유 지역에 새롭게 정착하기 시작했으며, 가난한 예술가들이 그 뒤를 따랐다. 하지만 최근 바스티유 지구가 고급화되면서 임대료가 폭등함에 따라 서민들과 예술가들은 점점 이곳을 떠나고 있다.

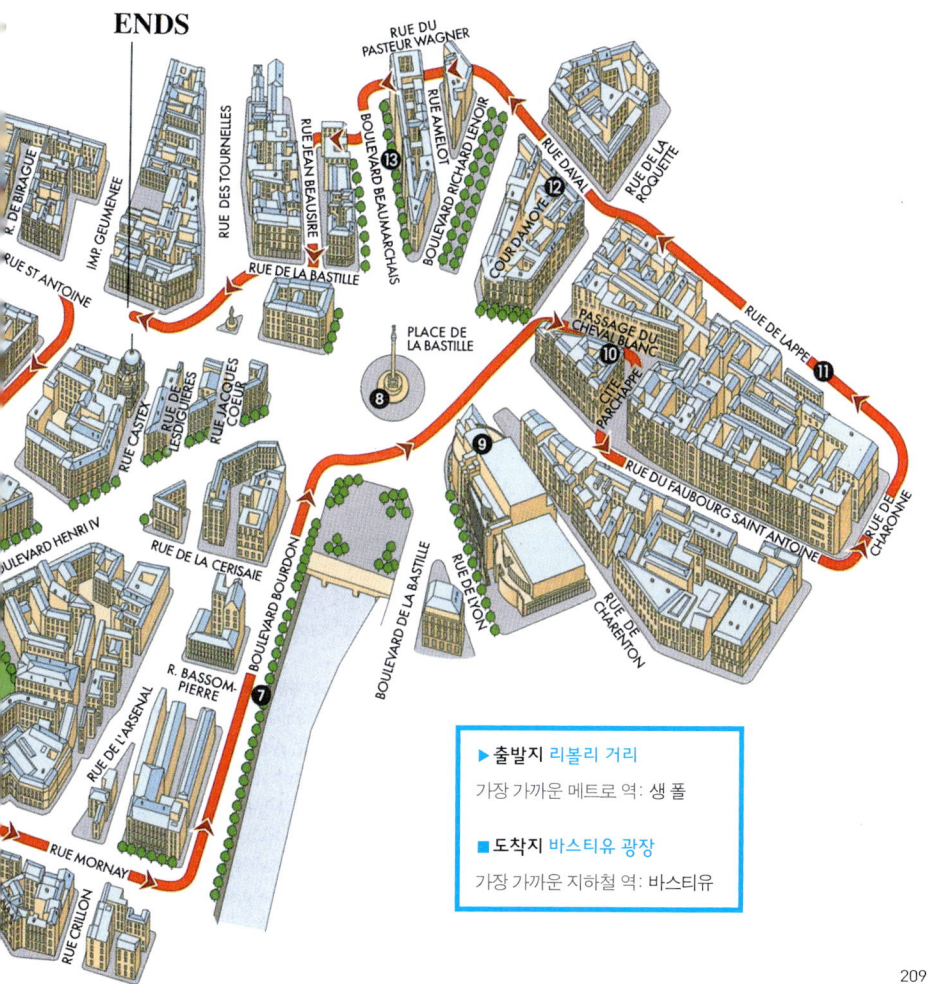

▶ 출발지 **리볼리 거리**
가장 가까운 메트로 역: 생 폴

■ 도착지 **바스티유 광장**
가장 가까운 지하철 역: 바스티유

❶ 프레보 거리rue du Frevot를 지나 피게 거리rue du Figuier를 돌아가면 낡은 석조 건축물 상스 저택Hôtel de Sens이 있다. 슬레이트 지붕을 얹은 후추통 같이 생긴 작은 탑이 인상적이다. 건축학적으로 '사막'과 다름없는 이 지역에 상스 저택은 마치 에롤 플린Errol Flynn의 허풍스러운 영화에 나오는 세트장 같다. 하지만 14세기에 건설된 상스 저택은 중세 건축물의 완벽한 전형이다. 이 건물을 소유했던 상스의 대주교 트리스탄 드 살라자르Tristan de Salazar는 1475년과 1507년 사이 고딕 양식의 지하 감옥과 감시탑을 더함으로써 요새화된 성채를 꿈꾸었다. 동쪽 파사드에는 1830년에 빗나간 포탄이 남긴 구멍이 있다. 포탄은 오늘날까지 벽 속에 그대로 박혀 있다. 현재는 1886년에 설립된 예술 전문 포르니 도서관Bibliothèque Forney이 있다. 화요일부터 토요일까지 개관하며 월요일, 일요일은 휴관한다.

❷ 생 폴 정원 거리rue des Jardins St Paul는 학교 운동장을 따라 70미터에 달하는 고대 성벽으로 둘러싸여 있다. 이 성벽은 프랑스 왕 필립 2세Philip II Augustus, 1165~1223가 1190년에 건설한 요새의 가장 실체적인 유

동쪽에서 바라본 상스 저택(좌)과 서쪽에서 바라본 상스 저택(우).

적이다. 생 폴 정원 거리 10~14번지는 일련의 기술공 작업실과 갤러리, 골동품과 수공예 상점이 여러 개의 자갈 마당을 둘러싼 빌라쥬 생 폴Village St Paul이다. 인형 옷과 잡동사니, 가구와 그림 등 온갖 골동품이 마당에 전시되어 있어 야외 골동품 시장 같은 활발한 분위기를 풍긴다. 정기 휴일은 화요일이다.

❸ 생폴생루이 성당Église St Paul-St Louis 뒤편 샤를마뉴 거리rue Charlemagne 의 자그마한 분수를 지나 17세기 유대 지구였던 짤막한 에젱아르 거리rue Eginhard로 진입한다. 왼쪽 정원에 있는 애틋한 기념비는 아우슈비츠에서 희생된 어느 아버지와 세 아들을 추모하고 있다. 생 폴 거리rue St Paul는 레스토랑과 골동품 가게로 발 디딜 틈이 없다. 허기가 느껴진다면 샤를 5세 거리rue Charles-V 25번지에 있는 훌륭한 이탈리안 레스토랑 레노테카L'Enoteca를 추천한다. 전화문의: 01-4278-9144 또는 고색창연함으로 마음을 끄는 생 폴 거리 8번지 비스트로 르 루주고르주 Le Rouge-Gorge도 좋다. 전화문의: 01-4804-7589, 지도 밖

❹ 자갈을 깐 좁다란 파사주 드 생폴passage de St-Paul은 예수회의 생폴생루이 성당Église St Paul-St Louis으로 이어진다. 로마의 제수 성당Chiesa del Gesù을 모델로 한 것이며, 사교계 여왕 세비녜 후작 부인Madame de Sévigné, 1626~1696이 기도를 올리던 곳이었다. 프랑스 대혁명 중 대부분의 보물이 파괴되었지만 명작 하나는 간신히 살아남았다. 들라크루아가 보기 드물게 종교적 주제를 다룬 작품 〈정원의 그리스도Christ in the Garden〉다. 생 탕투안 거리rue St Antoine의 정문으로 성당을 나서면, 일

생폴생루이 성당 외관과 내부 모습.

후기 르네상스 양식이 돋보이는 쉴리 저택의 외관과 안마당 모습.

상적이고 평범한 번화가가 펼쳐진다. 생 탕투앙 62번지의 고풍스러운 쉴리 저택Hôtel de Sully은 장 앙드루에 뒤 세르소Jean Androuet de Cerceau, 1544~1590가 후기 르네상스 양식으로 설계했다. 세르소는 당시 파리의 유명한 건축가 집안으로, 21~23번지의 사랑스러운 마옌 저택Hôtel de Mayenne과 유명한 퐁 뇌프Pont Neuf도 세르소의 작품이다.

❺ 프티 뮤직 거리rue du Petit Music 끝자락의 강변로에 이르면 도심의 북적거림에서 벗어난 16세기 후기의 피외베 저택Hôtel Fieubet이 고고하게 서 있다. 17세기 루이 14세의 왕비 마리테레즈Marie-Thérèse가 자신의 추기경 가스파르 피외베Gaspard Fieubet에게 하사한 저택이다. 당시 유명한 건축가 쥘 아르두앵망사르Jules Hardouin-Mansart, 1646~1708가 실내 장식을 맡았다. 웅장한 파사드는 19세기 바로크 양식을 모방했지만, 퇴락한 외양은 왠지 서글퍼 보인다. 지금은 학교가 들어서 있다.

❻ 석조 파사드와 유리 천장이 있는 19세기 후반 창고에 자리한 파비용 드 라르스날Pavillon de l'Arsenal은 파리의 도시 개발 역사와 건축물의 변천사를 전시하는 흥미로운 박물관이다. 전시물의 범위는 필립 2세의 12세기부터 19세기 바롱 오스만 시대를 거쳐 21세기에 이르는 현대까지 수 세기를 아우른다.

모를랑 대로boulevard Morland 맞은편에 있는 아름다운 사암 저택은 프랑스 국립 도서관의 또 다른 분교인 라르스날 도서관Bibliothèque de l'Arsenal이다. 원래는 1594년에 앙리 4세의 포병 단장을 위해 지어졌다. 청동상과 대리석 흉상을 지나 웅장한 층계참 꼭대기에 이르면 인상적인 열람실이 있다. 가죽 커버를 씌운 두툼한 학술서상당수가 희곡과 공연에 관한 것들가 산을 이루며, 낡은 필사본 서적이 은은한 조명 아래 빛나고 있다. 이곳에는 바스티유 감옥의 문서들도 보관되어 있는데, 그중에 '아이언 마스크를 쓴 남자L'Homme au Masque de Fer'의 사망 증명서도 있다.

도서관이 자리한 저택을 둘러보고 싶다면 '케스 나쇼날 데 모뉘망 이스토리크Caisse Nationale des Monuments Historiques'의 가이드 투어를 이용하면 된다.전화문의: 01-4461-2150

건축물의 변천사를 전시하는 박물관 파비용 드 라르스날(좌)과 생 마르탱 운하의 플레장스 선착장(우).

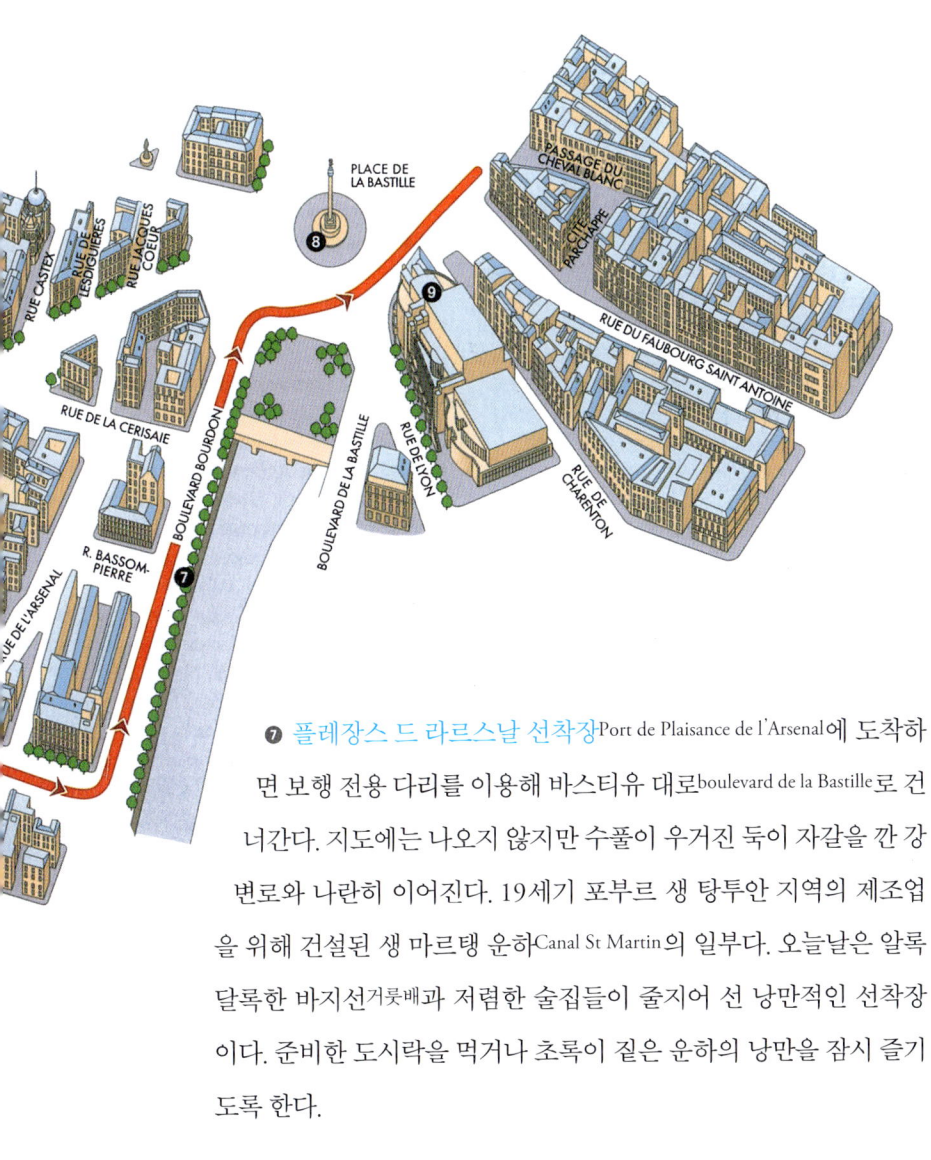

❼ 플레장스 드 라르스날 선착장Port de Plaisance de l'Arsenal에 도착하면 보행 전용 다리를 이용해 바스티유 대로boulevard de la Bastille로 건너간다. 지도에는 나오지 않지만 수풀이 우거진 둑이 자갈을 깐 강변로와 나란히 이어진다. 19세기 포부르 생 탕투안 지역의 제조업을 위해 건설된 생 마르탱 운하Canal St Martin의 일부다. 오늘날은 알록달록한 바지선거룻배과 저렴한 술집들이 줄지어 선 낭만적인 선착장이다. 준비한 도시락을 먹거나 초록이 짙은 운하의 낭만을 잠시 즐기도록 한다.

❽ 바스티유 광장place de la Bastille은 1370년부터 1789년까지 파리에서 가장 악명 높은 요새 감옥이 있었던 곳이다. 오늘날은 차량과 인파의 활기가 감옥의 음산함을 대신하고 있다. 정치범이나 반역죄 죄수를 수감하던 바스티유 감옥은 1789년 7월 14일, 프랑스 대혁명 당시 혁명

군에 의해 습격당했다. 바로 역사에 길이 남을 '바스티유 습격 사건'이다. 그 이후 프랑스는 오늘날까지 매년 7월 14일 프랑스 대혁명 기념일을 성대하게 기념하고 있다. 성난 혁명군의 습격 이후 남아 있는 바스티유 감옥의 유일한 흔적은 광장 보도에 남아 있는 청사진뿐이다. 그 옆에는 금박을 씌운 '자유의 정신' 제니 드 라 리베르테Génie de la Liberté가 꼭대기를 장식하고 있는 녹청색의 청동상 7월 기념주Colonne de Juillet가 서 있다. 7월 기념주는 1830년 7월 혁명 3일간 희생된 사람들을 추모하기 위해 제작된 것이다. 기념주 아래의 지하묘지에는 1830년과 1848년 두 번의 민중 봉기 때 목숨을 잃은 수백 명의 유해가 안장되어 있다. 기념주 초석의 입구를 통해 들어갈 수 있다.

❾ 웅장한 반원형의 오페라 바스티유L'Opéra de la Bastille는 1990년대 초반 설계 공모전에서 우승한 우루과이 출신의 무명 건축가 카를로스 오트Carlos Ott, 1946~ 가 설계했다. 완성 후 비평가와 대중으로부터 냉혹한 비난을 받았는데, 흰색 타일을 덮은 외벽이 거대한 공중 화장실을 연상시켰기 때문이었다. 하지만 오늘날 파리에서 가장 많은 오페라를 무대에 올리는 성공적인 오페라 극장으로 자리 잡았다. 또한 바스티유 지역에 고급문화를 전파하면서 퇴락한 빈민가를 파리 최고의 번화가로 탈바꿈시키는 데도 큰 역할을 했다. 오페라 바스티유 옆 바스티유 광장 6번지에는 17세기 선술집에서 대규모 레스토랑으로 변신한 레 그랑드 마르셰Les Grandes Marches가 있다. 전화문의: 01-4342-9032 오페라 관람을 마친 관객들과 관광객들로 늘 인산인해를 이룬다.

바스티유 광장의 거대한 7월 기념주(위)와 오페라 바스티유(아래).

❿ 바스티유 광장을 벗어나 포부르 생 탕투안 거리에서 갈라져 나온 자갈길 중 하나인 슈발블랑길passage du Cheval Blanc로 들어간다. 이곳에서부터 '일 년 열 두 달'의 이름을 딴 마당이 이어진다. 마당 주변은 이 주변의 제조업 역사를 반영하는 가구 제조자나 기술공, 수공업자 등의 작업실이 둘러싸고 있다. 그들의 영업점은 대체로 번화한 포부르 생 탕투안 거리rue du Faubourg St Antoine에 있다. 53번지의 라 파브리크 La Fabrique 같은 고급화 전략에 맞춰 들어선 세련된 바와 레스토랑에서 목을 축이거나 허기를 달랠 수 있다.

체력과 시간이 허락한다면 이곳에서 본 걷기를 확장할 수 있다. 포부르 생 탕투안 거리에서 우측으로 꺾어 지도 밖의 달리그르 거리rue d'Aligre까지 계속 나아가면 노점상이 줄지어선 달리그르 광장place d'Aligre에 이르게 된다. 광장 노점상들은 신선한 과일과 채소는 물론, 다양한 양념과 육류, 치즈, 그리고 세계 각지의 의류, 골동품, 잡동사니 등을 판매한다. 1843년에 건설된 실내 장터 보보 생탕투안Beauveau St Antoine의 노점상들은 보다 번듯하고 안정적이지만 파는 물건들은 바깥과 비슷비슷하다. 오전에만 문을 연다.

⓫ 바스티유 지구의 '두 얼굴'은 라프 거리rue de Lappe에서 극명하게 드러난다. 이 거리를 걷다 보면 세련된 레스토랑과 갤러리들이 낡은 전통 레스토랑과 아틀리에와 함께 공존하고 있다. 최근에는 이곳에 칵테일 바들이 많이 생겨났다. '라프'라는 이름은 이곳에 있던 기라르 드 라프Girard de Lappe의 17세기 정원을 관통하면서 유래한 것이다. 라프 거리는 곧 프랑스 중남부 오베르뉴 지방 출신 노동자들의 아지트가 되었다. 당시의 자취를 거슬러 올라갈 수 있는 41번지 라 갈로슈 도리야크La Galoche d'Aurillac는 굉장히 낡은 구식 레스토랑이다. '오리야크 Aurillac, 오베르뉴 지방 캉탈 주의 주도의 통나무'란 이름답게 레스토랑 천장

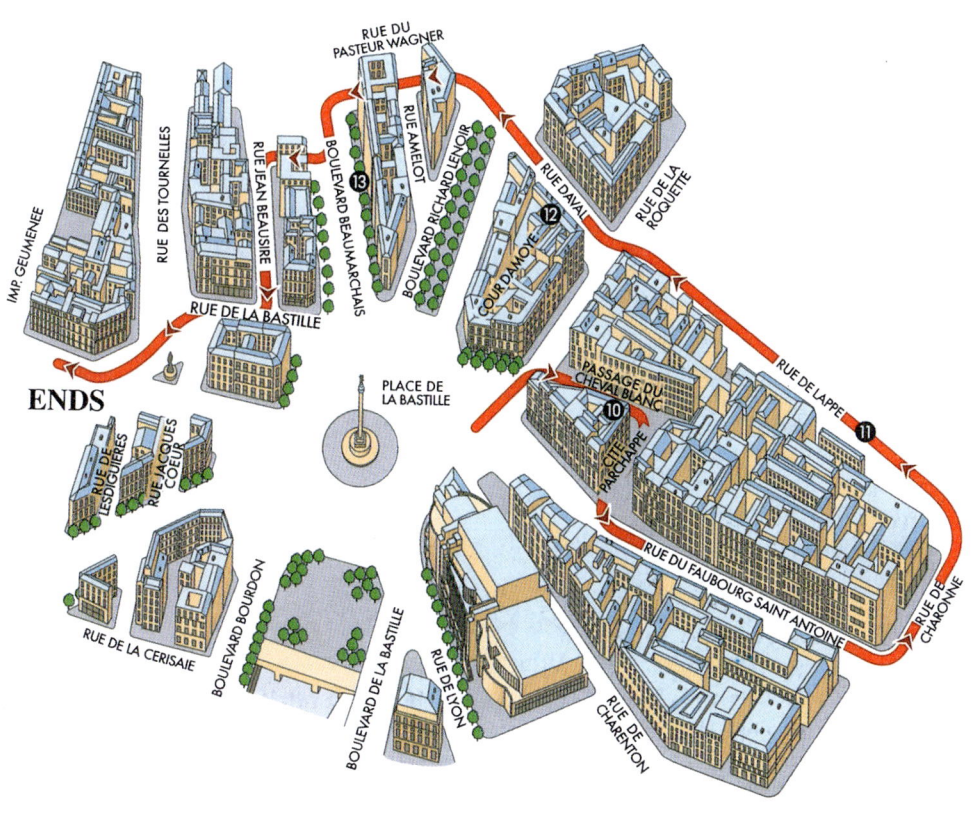

을 통나무갈로슈로 엮어 장식했다. 전화문의: 01-4700-7715 6번지의 식품점 르 카이롤라이스Le Cayrolais는 오베르뉴 지방의 치즈와 파이는 물론 살라미햄 종류를 쇼윈도에 주렁주렁 매달아 놓고 판매한다. 1880년대 오베르뉴 출신 사람들 사이에서 유행한 퓨전 대중음악과 춤인 '발 뮈제트bal musette'가 널리 퍼지기 시작한 곳도 바로 이 거리다. 당시 발 뮈제트 댄스홀은 이곳에만 15군데에 달했었는데, 오늘날은 9번지의 르 발라조Le Balajo가 유일하다. 1936년 문을 연 이래 한때 유명 가수 에디트 피아프가 단골로 즐겨 찾던 르 발라조는 이제 세계의 다양한 음악과 춤으로 가득한 21세기 디스코장이 되었다.

⑫ 다발 거리rue Daval를 내려가다 보면 왼편에 아름다운 골목길 쿠르 다 무아예Cour Damoye가 나타난다. 이 골목은 너무도 많은 영화의 배경이 되어서 어느 상점이 진짜고 가짜인지 구분하기조차 어렵다. 골목을 돌아 나와 리샤르 르누아르 대로boulevard Richard Lenoir까지 나아간다. 바롱 오스만이 생 마르탱 운하 위에 건설한 거리다. 혹자는 형편없다고 하기도 하는 이곳 아침 시장의 군더더기 없는 모습은 옛 파리의 모습을 상상할 수 있게 해 준다. 수많은 노점상은 과일과 야채에서 침대보와 비누까지 다양한 상품을 선보이고 있다. 시장의 활기와 재미는 일요일에 특히 절정을 이룬다.

⑬ 보마르셰 대로boulevard Beaumarchais의 2~20번지는 한때 18세기 희곡작가이자 가극 작사가, 발명가이자 혁명가인 카롱 드 보마르셰Pierre-Augustin Caron de Beaumarchais, 1732~1799의 고급 주택과 영지가 있었던 곳이다. 오늘날은 그 흔적을 조금도 찾아볼 수 없다. 다만 지팡이를 옆구리에 낀 카롱의 조각상이 그 빈자리를 대신할 뿐이다. 이 조각상은 투르넬 거리rue des Tournelles와 생탕투안 거리가 만나는 이번 걷기 코스의 끝자락에 있다.

보마르셰 대로에서 좁은 골목길을 통해 바스티유 거리rue de la Bastille까지 나아간다. 5번지의 보핑어Bofinger는 1864년에 문을 연 정통 프랑스 레스토랑이다. 유서 깊은 전통과 아르누보 양식의 실내 장식이 환상적이다. 오늘날은 파리 시민보다 관광객이 더 많이 찾는다.전화문의: 01-4272-8782

보핑어의 간판.

쿠르 다무아예(위)와 카롱 드 보마르셰의 조각상(아래).

생 루이 섬과 시테 섬: 섬과 섬 사이

13 _ Ile St Louis and Ile de la Cité

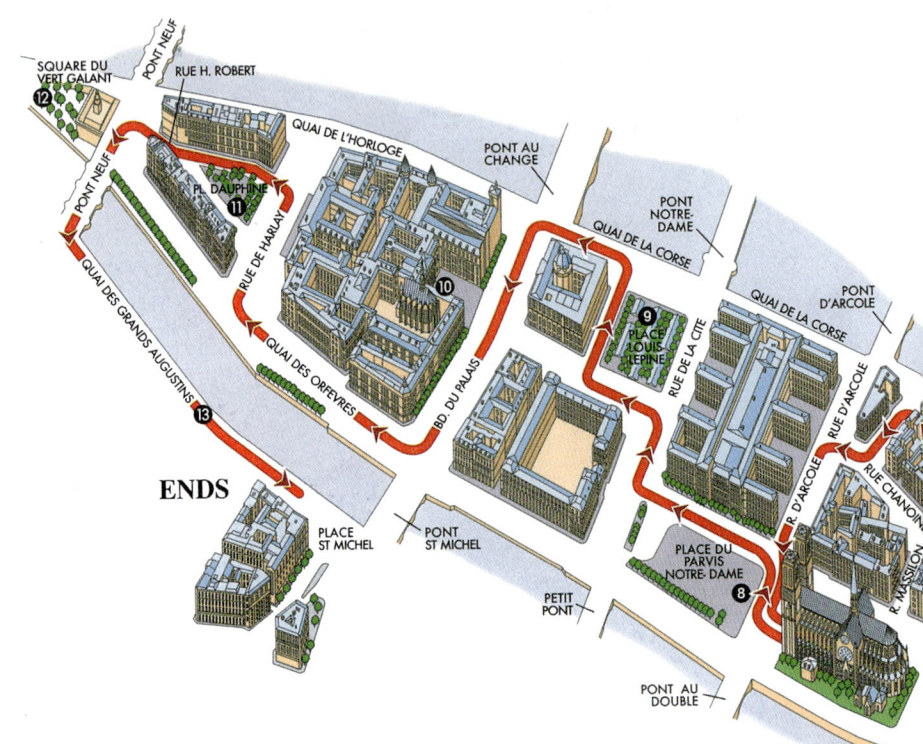

파리 문명은 시테 섬에서 시작했다. 기원전 53년 로마 인들이 이 지역을 점령했을 때, 이미 켈트 족의 한 분파인 파리시이 족이 '루테티아'라는 원시적인 부락을 이루고 있었다. 오늘날의 '파리'라고 하는 명칭은 바로 파리시이 족에서 유래했다. 중세 시대에 이르면 파리는 정치 · 종교 · 법을 망라한 프랑스 모든 권력의 중심이 된다. 고딕 양식의 대걸작 노트르담이나 보석같은 생트샤펠이 바로 그 증거이자 유산이다. 시테 섬도 19세기 바롱 오스만의 대대적인 파리 재개발 계획을 비켜가지 못했다. 그 결과 수많은 중세 거리와 건물들이 변형되거나 아예 종적을 감췄다. 하지만 이번 걷기 코스에서는 바롱 오스만의 야망에서 살아남은 샤누아네스 거리와 도핀 광장, 또는 베르갈랑 광장 같은 숨겨진 파리의 면면을 들여다볼 것이다.

먼저 그림같이 아름다운 생 루이 섬에서 걷기를 시작해 보자. 생 루이 섬은 보다 크고 더 유명한 시테 섬을 형처럼 따라다니는 아우 같은 인상이다. 루이 9세의 이름을 딴 섬은 17세기에 건설된 아름다운 단독 저택 '오텔 파르티퀄리에hôtel particuliers'로 가득한 건축학적 보물섬이다. 더구나 생 루이 섬은 작지만 활기찬 번화가와 아름답고 평화로운 강변도로로 이루어져 있어 보행자의 천국이다. 특히 4월부터 11월까지 매주 일요일은 센 강 양쪽 강변의 차량통행이 금지된다.

바리 광장.

❶ 쉴리 다리Pont de Sully를 통해 생 루이 섬Île St Louis에 도착하면, 우선 섬을 가로지르는 중심가 생루이 거리rue Saint-Louis-en-l'Île를 감상한다. 아담한 중심가는 한눈에 들어온다. 수목과 관목, 꽃밭으로 풍성하게 장식한 바리 광장square Barye은 아름다운 브레통빌리에 저택Hôtel de Bretonvilliers 정원의 마지막 흔적이다. 파리 최고의 경치를 자랑했던 브레통빌리에 저택은 자갈을 깐 매력적인 베튄 강변로quai de Béthune에 자리했었다. 17세기 고전주의 대가 푸생Nicolas Poussin, 1594~1665이 실내를 장식했던 화려한 대저택은 주변 건물에 그림자를 드리울 만큼 웅장함과 위엄을 과시했었다. 그러나 오늘날 브레통빌리에 저택의 흔적은 브레통빌리에 거리rue Bretonvilliers의 끝자락에 다소 비현실적인 모습으로 남아 있는 어정쩡한 별채의 '뒷문'뿐이다.

❷ 강가의 고즈넉한 정취가 물씬한 당주 강변로quai d'Anjou로 들어서는 순간 생 루이 섬이 왜 예술가들의 섬인지 알 수 있을 것이다. 보석처

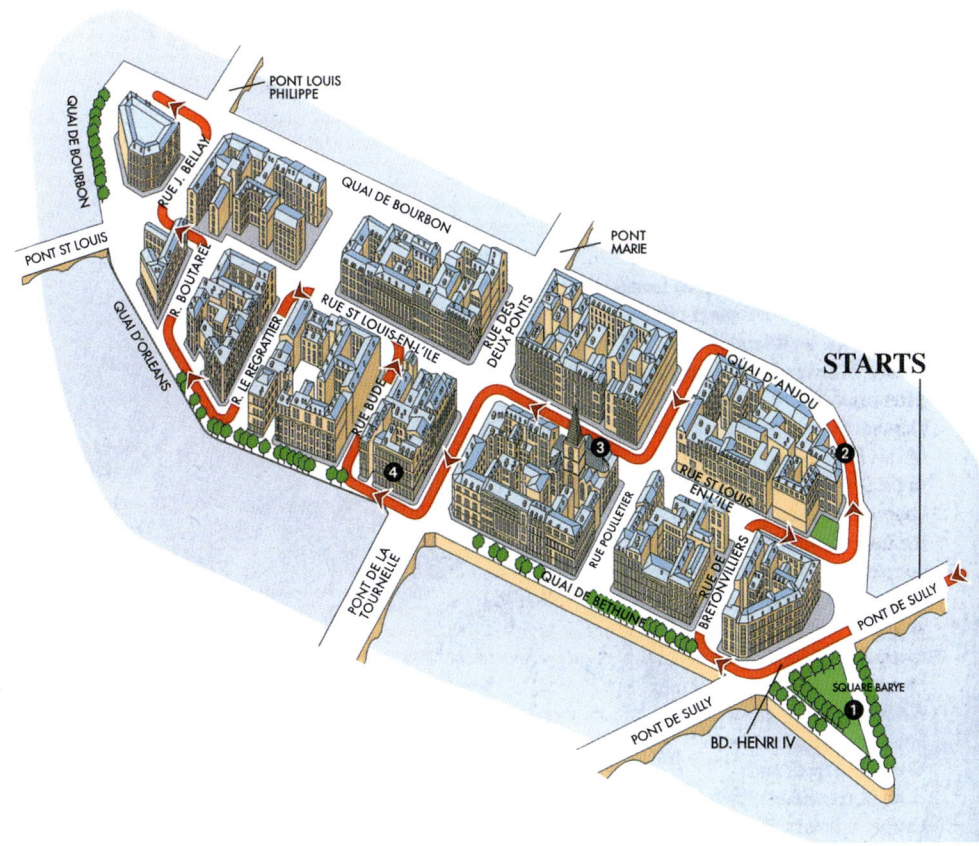

럼 줄지어 선 우아한 저택들은 루이 14세의 궁정 건축가 루이 르 보 Louis Le Vau, 1612~1670가 설계한 것으로, 17세기 모습이 거의 그대로 보존되어 있다. 그중 1번지 랑베르 저택Hôtel Lambert은 1640년 파리의 대부호 랑베르를 위해 건설되었다. 실내 디자인을 맡은 샤를 르 브룅 Charles Le Brun, 1619~1690은 베르사유 궁전의 거울의 방*La Galerie des Glaces 을 설계했던 명장이었다. 낭만적인 옥상 정원은 화려한 철제 발코니로 둘러싸여 있으며 독특한 소형 원형 탑이 인상적이다.

....

* 거울의 방La Galerie des Glaces: 베르사유 궁전의 화려함의 극치를 볼 수 있는 곳으로, 전체 길이 73m, 너비 10.4m, 높이 13m의 파티용 살롱이다. 정원을 향하여 17개의 창문이 있으며, 반대편 벽에는 17개의 거울이 배열되어 있어서 '거울의 방'으로 불린다.

생 루이 성당 내부와 장식적인 스테인드글라스.

1657년에 건설된 17번지의 현란한 로쉥 저택Hôtel de Lauzun 역시 건축가 르 보와 실내 장식가 르 부룅의 성공적인 합작품이다. 19세기 한때 위대한 시인 보들레르Charles-Pierre Baudelaire, 1821~1867와 낭만주의 작가 테오필 고티에Théophile Gautier, 1811~1872가 이 저택에 세를 들었다. 당시 이 저택은 '하시시마리화나 같은 향정신성 약품의 일종 피는 클럽Hashish-Eaters Club'이라는 문학 사교 모임의 심장이 되었다. 그들의 이름이 새겨진 명패가 이와 같은 역사적 사실을 증명하고 있다.

❸ 1664년과 1726년 사이 르 보의 설계에 따라 건설된 바로크 양식의 생루이 성당Église Saint-Louis-en-l'Île은 상류 계층의 결혼식장으로 인기가 높다. 기묘하게 우뚝 솟은 첨탑이 가장 큰 특징이다. 프랑스 대혁명 기간의 약탈에도 불구하고 실내는 대리석과 황금으로 넘쳐난다. 오늘날 낭만적인 촛불 조명 아래 음악회가 자주 열린다. 성당 앞의 생루이 거리rue Saint-Louis-en-l'Île는 섬 주민들이 생필품을 쇼핑하는 섬의 척추다. 이 거리의 세련된 갤러리와 서점, 레스토랑, 매력적인 소규모 호텔들은 수많은 관광객을 유혹한다. 특히 세련된 54번지의 죄 드 폼 저택Hôtel du Jeu de Paume은 17세기 테니스 경기장을 혁신적으로 개조한 것이다. 31번지 베르티용Berthillon의 아이스크림은 파리에서 가장 유

투르넬 다리.   오를레앙 강변로.

명하고 가장 맛있다. 얼마나 인기 있는지 섬 안에 분점이 2개나 생겼는데도 이 원조 가게 앞에 매일 두 블록 이상 긴 줄이 늘어선다.

❹ 되 퐁 거리rue des Deux Ponts를 따라 투르넬 다리Pont de la Tournelle까지 간다. 강 건너 다리 아래에는 꽃으로 장식한 바지선들이 정박하고 있으며, 다리 위에는 망토를 걸친 파리의 수호성인 생즈네비에브의 동상이 있다. 다리 오른쪽으로 뻗은 오를레앙 강변로quai d'Orléans를 따라가면 아름다운 저택들이 수없이 펼쳐진다. 그중 6번지 저택은 19세기에 폴란드 망명객들의 본당이었으며, 오늘날 파리 폴란드 도서관 Bibliothèque Polonaise à Paris과 19세기 파리에서 망명 생활을 했던 폴란드 국민 시인 아담 미츠키에비치Adam Mickiewicz, 1798~1855를 기념하는 아담 미츠키에비치 박물관Musée Adam Mickiewicz이 자리한다. 미츠키에비치는 망명 생활 중 엄청난 양의 서적과 폴란드 문학, 예술 작품을 수집했다. 또한 그는 세계 각지에서 독특한 기념물도 많이 수집했는데, 쇼팽의 데스마스크*가 특히 유명하다. 화요일부터 금요일까지만 개장한다.

....
* 데스마스크: 죽은 직후에 죽은 사람의 얼굴에서 직접 본을 떠서 만든 안면상으로, 유족들이 고인의 생전 모습을 남기기 위해 또는 위인의 육체적 기록으로 남기기 위해 제작한다.

❺ 장 뒤 벨레 거리rue Jean du Bellay와 생 루이 거리를 넓게 차지하고 있는 알자스 레스토랑 브라스리 드 릴 생 루이Brasserie de l'Île St Louis에서 점심을 먹으면 좋다. 전화문의: 01-4354-0259 그러나 디저트만은 오를레앙 강변로의 베르티용 아이스크림으로 마무리하자. 부르봉 강변로quai de Bourbon를 따라 산책하다 보면 41~53번지에 프랑수아 르 보앞서 언급한 루이 르 보의 형제가 설계한 근사한 저택들이 이어진다. 부르봉 강변로 끝자락은 루이 섬에서 가장 낭만적이고 아름다운 장소 중 하나다. 이곳의 그늘진 벤치는 파리 연인들이 아름다운 시테 섬을 바라보며 밀회를 즐기는 곳으로 인기 만점이다.

❻ 생 루이 섬과 시테 섬을 연결하는 보행 전용 생 루이 다리Pont St Louis는 거리 예술가들의 무대로 사랑받는다. 다리를 건너 좌회전하면 잘 가꾸어진 공원 일 드 프랑스 광장square de l'Île de France이 있다. 이곳에 제2차 세계대전 중 나치 강제노동수용소에 끌려간 20만 명의 프랑스 시민과 대학살 희생자를 추모하는 기념관Mémorial des Martyrs de la Déportation이 있다. 콘크리트와 검정 석쇠를 혼합한 이 비극적인 기념관의 삭막한 현대적 디자인은 기념관을 방문한 사람들을 육체적, 정신적으로 옥죄어 온다.

강변로를 건너 요한 23세 광장square Jean XXIII으로 가자. 한때 대주교 궁전이 있었던 광장은 오늘날 수풀과 꽃이 가득한 공원으로 거듭났다. 그 한가운데에 19세기 고딕 양식의 분수가 있다. 또한 이곳에서 노트르담 대성당의 동쪽 플라잉 버트레스flying buttress주벽과 떨어져 있는 경사진 아치형으로 벽을 받치는 노출보. 고딕 건축의 독특한 양식의 경이로운 장관을 감상할 수 있다.

요한 23세 광장의 고딕 양식 분수.

❼ 클루아트르 노트르담 거리rue du Cloître Notre Dame 10번지에 있던 아담한 노트르담 드 파리 박물관Musée de Notre Dame de Paris은 안타깝게도 2008년에 문을 닫았다. 이곳에서 가까이 있는 플뢰르 강변로quai aux Fleurs 9번지는 전설적인 연인 피에르 아벨라르Pierre Abélard, 1079~1142와 엘로이즈Héloïse, 1101~1164가 잠시 살았던 곳이다. 아벨라르는 12세기 철학자이자 교수였고, 엘로이즈는 그의 제자였다. 아벨라르와 엘로

이즈의 파란만장한 삶과 이루어질 수 없었던 비극적인 사랑 이야기는 그들이 주고받은 편지를 통해 살아 있으며 수많은 문인과 예술가들의 영감을 불러일으킨 바 있다.

❽ 아르콜 거리rue d'Arcole를 가로질러 노트르담 광장place du Parvis Notre-Dame으로 곧장 나아간다. 바롱 오스만이 설계한 드넓은 보행 전용 광장은 노트르담 대성당Notre-Dame de Paris의 화려한 서쪽 파사드를 감상하기에 적합하다. 3개의 거대한 정문은 수많은 조각상으로 장식되어 있다. 1163년에 초석을 놓고 1330년에 완성된 노트르담은 고딕 양식 건축물의 결정판이다. 빅토르 위고는 노트르담을 '돌에 새긴 위대한 교향곡'이라고 격찬한 바 있다. 19세기 초, 붕괴 직전에 이른 대성당을 살린 것도 바로 빅토르 위고였다. 불멸의 역작〈노트르담의 꼽추〉가 파리 시민과 시 당국에 노트르담의 문화유산적 가치를 재고하게 만들었기 때문이다. 수 세기에 걸쳐 재설계되고 복구되었지만, 오늘날의 모습을 갖추게 된 주요 재건 사업은 대부분 19세기 중반에 이루어졌다. 당시 파리 최고의 건축가였던 비올레르뒤크Viollet-le-Duc, 1814~1879가 그 중심에 있었다.

체력이 충분하고 줄이 길지 않다면 서쪽 파사드의 탑에 올라가 보자. 파리 뮤지엄 패스로 입장이 가능하다. 센 강변을 따라 펼쳐지는 전망이 장관이며 흥미로운 조각상들을 가까이에서 관찰할 수 있다. 노트르담 광장 남서쪽 모퉁이에는 고대지하유적지Crypte Archéologique가 있다. 광장 건설 과정에서 발굴된 3세기 갈로로만 시대의 누벽과 중세 유적을 전시한 흥미로운 박물관이다. 월요일은 정기 휴일이다. 광장 북쪽에는 651년에 설립된, 파리에서 가장 오래된 병원 오텔디외Hôtel-Dieu de Paris가 있다. 지금은 작은 호텔과 요양소를 함께 운영하고 있다.

고딕 양식의 결정판 노트르담 대성당 외관과 내부 모습.

❾ 월요일부터 토요일까지 파리에서 가장 큰 꽃 시장이 열리는 루이레핀 광장place Louis Lépine은 다채로운 색과 향기로 가득하다. 일요일에는 꽃 시장 대신 새 시장이 서며, 온갖 종류의 아름다운 새들이 사랑스러운 노랫소리로 반겨줄 것이다. 광장의 남쪽에는 아르누보의 거장 엑토르 기마르Hector Guimard, 1867~1942의 곡선미가 돋보이는 메트로 역이 있다. 오늘날 얼마 남지 않은 기마르의 아르누보 설치물 중 하나다.

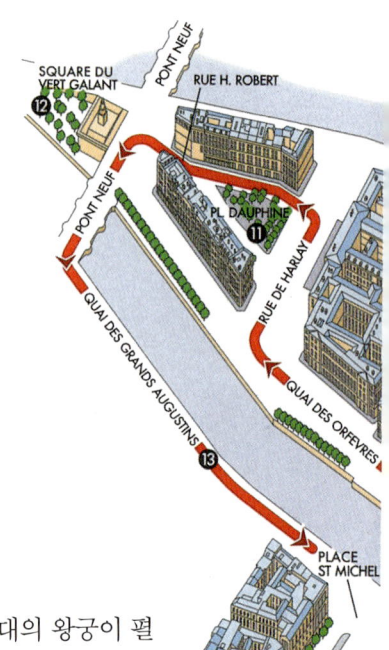

❿ 팔레 대로boulevard du Palais의 웅장한 정문 뒤로 중세 시대의 왕궁이 펼쳐진다. 시테 섬의 상당 부분을 차지하는 이 거대한 건물 복합체는 오늘날 콩시에르주리와 정의의 궁전, 생트샤펠과 같은 파리의 주요 문화유산으로 잘 알려져 있다.

'관리자'라는 뜻의 콩시에르주리La Conciergerie는 과거 수천 명의 왕궁 관리인들이 주로 생활했던 곳이다. 1358년 왕족이 루브르 궁전으로 거처를 옮겨간 이후, 1391년부터 감옥으로 쓰였다. 중세부터 콩시에르주리는 악명 높은 장소였으나, 우리에게는 '단두대 대기실'로 더 유명하다. 프랑스 대혁명의 '공포 정치' 기간 중 수천 명의 귀족과 죄수들이 단두대에 오르기 전 이곳의 축축한 감방에서 대기했었기 때문이다. '죄수 번호 280'인 마리 앙투아네트도 처형되기 전 두 달 남짓 이곳에 감금되었다. 콩시에르주리의 일부 공간은 1914년부터 유적지로 대중에 개방되었다. 그중에 특히 웅장한 '무사의 홀Salle des Gens d' Armes'은 아이러니하게도 오늘날 공연장이나 음악회, 와인 시음회 장소로 각광받고 있다. 14세기에 건설된 거대한 부엌의 아궁이 4개는 각각 황소 1마리를 통째로 구울 수 있을 만큼 크다. 고문실로 쓰였던

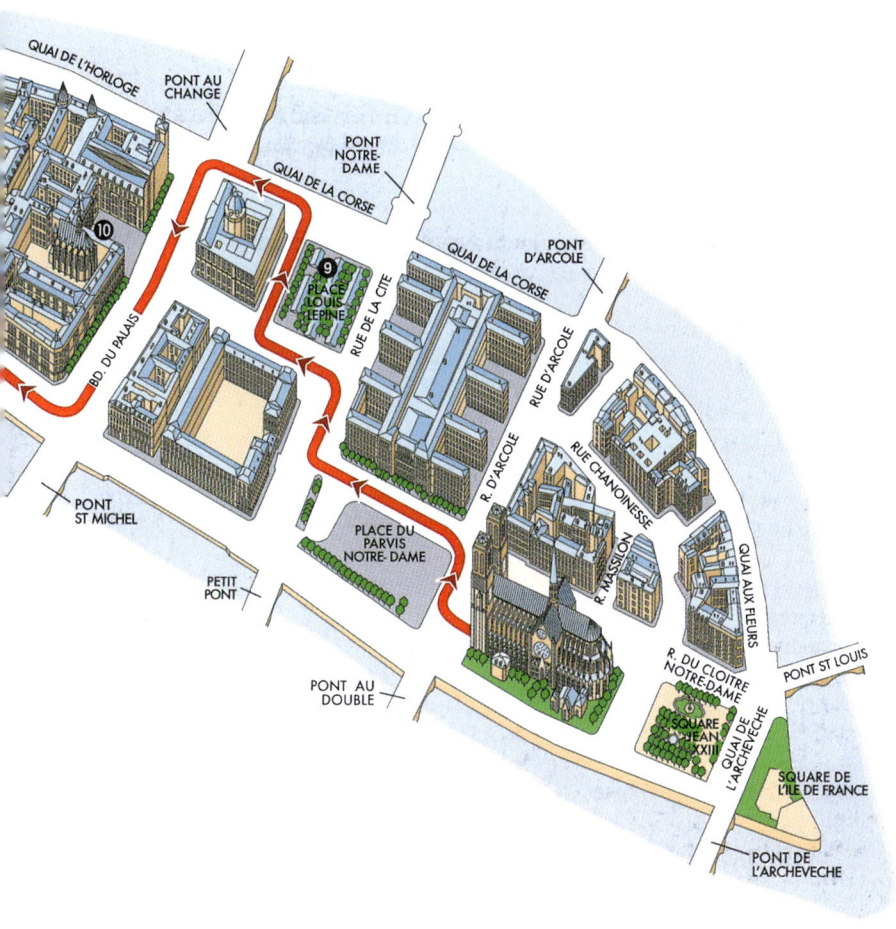

13세기 봉베크 탑Tour Bonbec도 복원되었다.

정의의 궁전Palais de Justice은 로마 점령 시대에 세워졌던 궁전이자 프랑스의 첫 번째 왕궁이었다. 14세기부터 프랑스 대혁명 때까지 프랑스 의회가 자리했으며, 오늘날은 파리 항소 법원과 프랑스 최고 법원Cour de cassation이 있다. 두 번의 화재 이후 19세기에 대부분 재건되었다. 정의의 궁전에서 가장 인상적인 공간은 13세기에 건설된 생루이 홀Salle Saint-Louis과 청색과 금색으로 치장한 대연회장Première Chambre이다. 생

정의의 궁전.

루이 홀은 처형장으로 이송되는 마차를 타기 위해 '죄수들'이 통과했던 통로로 '운이 다한 자의 홀Salle des Perdus'이라는 별명이 더 유명하다. 대연회장은 마리 앙투아네트를 비롯한 수천 명이 사형선고를 받았던 재판장이었다. 토요일과 일요일은 정기 휴일이다.

옛 왕궁의 백미는 역시 '성스러운 예배당'이란 뜻을 가진 생트샤펠La Sainte-Chapelle이다. 루이 9세가 성보聖寶를 보관하기 위해 1240년대에 건설한 2층짜리 예배당이다. 예배당은 프랑스 대혁명 기간 중 심하게 훼손되어 19세기 중반에 상당 부분 재건되었다. 1층 예배당에서 나선형 층계로 연결된 2층 예배당은 거대한 스테인드글라스 창을 통해 쏟아지는 형형색색의 빛의 바다로 황홀경 그 자체다. 스테인드글라스의 3분의 2 정도가 진품이며 나머지는 복원된 모사품이다. 생트샤펠은 음향 효과도 매우 뛰어나서 거의 매일 저녁 음악회가 열린다.

⓫ 오르페브르 강변로quai des Orfèvres는 한때 금 세공인들의 본거지였으나 지금은 파리 경찰청이 장악하고 있다. 아를레 거리rue de Harlay에서 우

회전하면 삼각형의 평화로운 도핀 광장place Dauphine이 나타난다. 앙리 4세가 그의 아들후에 루이 13세가 됨의 이름을 따서 건설한 곳으로, 매력적인 17세기 석조 및 벽돌 저택으로 둘러싸여 있다. 오늘날 대부분은 레스토랑이 들어섰다. 그중에 15번지의 비스트로 폴Paul은 파리 레스토랑의 전형이라 할 수 있으며전화문의: 01-4354-2148, 19번지 르 카보 뒤 팔레Le Caveau du Palais는 독창적인 프랑스 요리와 안락한 분위기가 근사하다.전화문의: 01-4326-0428

❷ 앙리 4세의 동상을 지나 가파른 층계참을 내려가면 베르갈랑 광장square du Vert-Galant이 나온다. 베르 갈랑은 '지칠 줄 모르는 호색가'라는 뜻으로 앙리 4세의 별명이었다. 푸른 풀밭과 꽃밭을 둘러싼 그늘진 산책로는 센 강 유람선 중 하나인 브데트뒤퐁뇌프Vedettes du Pont-Neuf가 출발하는 선착장이기도 하다. 30분마다 출발하는 1시간 유람 코스로, 이곳에서 센 강 유람선으로 걷기를 마무리하는 것도 멋진 생각이다. 유람선을 타기 전후 퐁 뇌프Pont Neuf를 통해 시테 섬을 벗어난다. '새로운 다리'라는 뜻의 퐁 뇌프는 1607년에 완성된 것으로 실제로는 파리에서 가장 오래된 다리다. 레오 카락스의 1991년 영화 〈퐁뇌프의 연인들Les Amants du Pont-Neuf〉 덕분에 세계적인 유명세를 얻었다.

❸ 퐁 뇌프를 건너 좌회전하여 이번 걷기 코스의 대미를 장식하는 그랑 오귀스탱 강변로quai des Grands Augustins를 걷는다. 중고 서적과 인쇄물, 지도, 포스터 등을 판매하는 유명한 노점 책방 '부키니스트Bouquiniste'가 줄지어 있다. 원기를 충전하고 싶다면 39번지 비스트로 데 오귀스탱Bistro des Augustins을 추천한다.전화문의: 01-4354-0441 경쾌한 아르데코 양식이 돋보이는 실내에서 훌륭한 와인과 치즈를 맛볼 수 있다.

콩시에르주리와 파리에서 가장 오래된 다리인 퐁 뇌프.

몽마르트르 언덕 위 사크레쾨르 대성당의 그림같은 야경.

지은이 | 피오나 던컨 Fiona Duncan · 레오니 글래스 Leonie Glass

피오나 던컨은 일요신문 〈선데이 텔레그래프Sunday Telegraph〉에 매주
'호텔 구루(Hotel Guru)'라는 칼럼을 기고한다(www.thehotelguru.com).
레오니 글래스는 여행 작가이자 편집자이다. 미첼 비즐리(Mitchell Beazley)의
주요 책들을 편집했으며, 영국 던컨 페터슨 출판사(Duncan Petersen Publishing Ltd)의
《매력적인 작은 호텔 가이드(Charming Small Hotel Guides)》를 공동 편집했다.

옮긴이 | 정현진

한국외국어대학교 영어과와 신문방송학과를 졸업하고 스위스에 살면서
번역 일을 하고 있다. 옮긴 책으로는《팬, 블로거, 게이머: 참여 문화에 대한 탐색》,
《헤밍웨이 주니어 백과사전》(공역),《세계에서 가장 아름다운 광장 100》,
《프라하 걷기여행》,《로마 걷기여행》,《베네치아 걷기여행》등이 있다.

파리 걷기여행

초판 1쇄 발행 2010년 4월 10일
3판 2쇄 발행 2018년 10월 10일

지은이 피오나 던컨 · 레오니 글래스
옮긴이 정현진
펴낸이 진영희
펴낸곳 (주)터치아트
출판등록 2005년 8월 4일 제396-2006-00063호
주소 10403 경기도 고양시 일산동구 백마로 223, 630호
전화번호 031-905-9435 팩스 031-907-9438
전자우편 touchart@naver.com

ISBN 978-89-92914-90-1 13980

* 이 책 내용의 일부 또는 전부를 재사용하려면 반드시 저작권자와
  (주)터치아트의 동의를 얻어야 합니다.
* 책값은 뒤표지에 표시되어 있습니다.

* 이 도서의 국립중앙도서관 출판시도서목록(CIP)은
  e-CIP 홈페이지(http://www.nl.go.kr/ecip)에서
  이용하실 수 있습니다.(CIP제어번호: CIP2016012370)